KB074623

지금 우리가 할 수 있는 일

기후 위기로 병든 지구를 살리는 작은 실천

에두아르도 가르시아 글

사라 보카치니 메도스 그림

송근아 옮김

청어람미디어

차례

들어가며

"지구를 위협하는 가장 큰 문제는 나 아니어도
누구든 지구를 구할 거란 믿음이다."

　─로버트 스완(ROBERT SWAN),
　　최초로 남극점과 북극점까지 걸어간 영국 탐험가

벌새 우화를 들어보았는가?

이야기는 이렇다.

어느 날, 숲에서 거대한 산불이 일어나 모든 동물이 도망쳤다.
겁에 질린 동물들은 숲 가장자리에 피난처를 마련하고, 그곳에서 그들의
아름다운 집이 파괴되는 모습을 망연자실하게 바라만 보고 있었다.
그때 벌새 한 마리가 말했다. "뭐라도 해야겠어." 그러고는 가장 가까운
강으로 날아가 부리로 물 몇 방울을 퍼내어 불길 위에 떨어뜨렸다.
벌새는 강과 불 사이를 쏜살같이 오가며 물을 날랐다. 다른 동물들은
어처구니가 없었다. 벌새보다 더 많은 물을 운반할 수 있는 코끼리, 곰,
사슴 등 덩치 큰 동물들이 벌새에게 소리쳤다. "너 뭐 하는 거야?
부리가 작아서 물도 거의 못 나르잖아!" 그 말이 끝나기 무섭게
벌새는 돌아서서 동물들에게 말했다.
"나는 내가 할 수 있는 최선을 다하는 거야."

이것은 바로 그 '최선을 다하는 것'에 관한 책이다.

벌새 우화에 나오는 숲속 동물들처럼, 우리는 지구 온도를 높이고 기후 시스템을 파괴하는 온실가스로 인해 역사상 가장 큰 위기에 직면하게 되었다. 산업 혁명 이후, 지구의 평균 표면 온도가 섭씨 1.2도가량 상승했다. 그로 인해 해수면의 상승과 기후 시스템의 불균형으로 해안의 생활공동체를 위협하는 파괴적인 초대형 폭풍부터 나무 수십억 그루를 재로 만드는 산불, 비옥한 농작물을 고갈시키는 가뭄 등 재앙과 같은 사건들이 일어나고 있다.

이유는 명확하다. 이산화탄소와 같은 온실가스가 태양열을 대기 중에 가두고 있기 때문이다. 우리 인간들은 자동차와 비행기, 공장과 발전소를 구동하기 위해 화석연료를 태우고 이산화탄소를 만들어낸다.

해결책도 명확하다. 화석연료 사용을 멈추고, 신재생에너지와 전기 및 공유 교통수단을 이용하며, 지속 가능한 식생활을 하는 녹색 경제를 이루는 것이다.

하지만 행동은 말보다 어렵다. 기후 변화와 싸울 수 있는 강력한 힘을 가진 사람들은 수십 년간 이 문제를 외면했다. 정치인과 고위직 임원, 그리고 투자자들은 대부분 수수방관하며 일어나지도 않은 문제라고 걸고넘어지고, 기후 변화가 일어난다는 사실조차 전면 부정하고 있다.

수십 년간 약속이 지켜지지 않았는데도 여전히 정부와 기업들이 기후 위기를 해결해줄 거라고 기대한다면, 그것은 좋게 말하면 순진한 생각, 나쁘게는 무책임하고 무모한 태도다. 물론 온실가스 배출량을 대폭 줄일 수 있도록 그와 관련된 정책 개정을 강력히 요구해야 한다. 그러나 힘없는 벌새 같은 우리 또한 최선을 다해야 하는 의무가 있다.

우리가 할 수 있는 일은 많다. 유엔이 참고한 연구에 따르면
온실가스 배출량의 3분의 2는 일반 가정에서 나왔으며, 이는
지구상의 인구가 77억 명이라는 사실을 고려하면 일리 있는
수치다. 2050년에는 지구 인구가 대략 100억 명이 될 것이다.

모두가 똑같은 양을 배출한 것은 아니다. 미국과 유럽연합 및 기타
선진국에 사는 사람들의 탄소 배출량이 더 많다. 그들은 보통 더 큰
차를 몰고, 더 큰 집에 살며, 화석연료를 태워야 생성되는 전기를 더
많이 사용한다. 그뿐 아니라, 우리가 먹는 음식 대부분은 산림 벌채를
일으키는 산업용 농장에서 생산되며, 이 농장들은 곤충과 같은 꽃가루
매개자나 수로를 심하게 오염시키는 농약을 사용한다. 게다가 우리가
배출한 엄청난 양의 폐기물은 수많은 동물을 죽음으로 몰아가는
환경을 조성한다.

의심할 여지 없이, 우리의 생활방식은 지구를 파괴하고 있다. 우리는 마치
기생충처럼 숙주를 희생하며 살고 있다.

그러나 상황은 나아질 수 있다. 만일 우리 개개인이 생활 속에서 일어나는
탄소 배출량을 줄인다면 기후 변화를 막는 데 큰 도움이 될 것이다.

이 책은 내가 《뉴욕 타임스》에 기고한 일련의 이야기에서 영감을 얻었다.
일러스트레이터 사라 보카치니 메도스의 아름다운 그림과 함께, 동료 평가
연구 및 공식적인 통계 자료와 연구원 및 활동가들과의 인터뷰를 근거로
삼았다. 이 책은 탄소 배출량을 줄이고 자연과 더욱 조화롭게 살 수 있는
실천 가능한 팁 수십 가지를 담은 만능 도구 상자다. 플라스틱 폐기물을
줄이는 방법부터 효율적인 재활용법, 자동차 연비를 높이는 법, 에어컨
없이도 집을 시원하게 하고 퇴비를 만들며 친환경 식생활을 하는 법까지,
이 책은 더 나은 미래로 나아가게 도와주는 친절한 방법과 아이디어로
가득 차 있다.

두 번째 지구는
없다

지구는 우주에서 가장 신비로운 곳이다. 남세균과 같은 단세포 유기체부터 거대한 공룡에 이르기까지 수많은 동물과 식물이 수천 년간 번성해온 유일한 행성이다.

그 모든 동식물이 이곳에서 번창한 이유는 그저 지구가 생명을 유지하기에 적당한 온도를 지닌 유일한 행성이기 때문이다. 그 적당한 온도는 끊임없이 변화한다. 계절에 따라 변하고, 밤에는 추워지며, 날씨에 영향을 받는다.

그 온도는 어디에 있는지에 따라 달라지기도 한다. 적도 지역은 일 년 중 대부분이 따뜻하고, 극지방은 언제나 추운 편이다.

지구에서 가장 추운 지역은 남극 대륙에 있는 보스토크 기지로, 1983년 7월 21일에 역사상 최저 기온인 섭씨 영하 89.2도를 기록했다.

캘리포니아의 데스밸리는 1913년 7월 10일에 최고 기온인 섭씨 56.7도를 기록했다.

과학자들은 전 세계 수많은 장소에서 지표면 온도를 측정했고, 1951년부터 1980년까지의 평균 온도가 섭씨 약 13.9도임을 산출해냈다.

생물이 번식하기 딱 좋은 온화한 온도다.

지구가 이런 온도를 갖게 된 이유는 소위 골디락스 존*에 있기 때문이다.
우리 행성은 중심 항성(태양)에서 너무 가깝지도, 너무 멀지도 않다. 액체
상태의 물이 존재하기에 딱 좋은 거리다. 만일 우리가 태양과 더 가까이
있다면 물은 증발할 것이고, 더 멀리 떨어져 있다면 물은 얼어버릴 것이다.

게다가 지구는 중심핵에 있는 액체 상태의 금속이 행성의 자전운동과
함께 움직이며 지구에 필요한 기체 성분들을 대기 중에 잡아놓는 자기장을
생성하기 때문에, 생명체가 살기에 완벽한 곳이다. 만약 이 자기장이
없었다면 그 기체 성분들은 우주 밖으로 쏟아져 나갔을 것이다.

대기는 우리 행성의 안락한 담요이며, 자기장은 질소와 산소 등 생명체에
필요한 기체 성분을 지표면에 가까이 잡아두는 역할을 한다.
태양계에서 이만큼 운 좋은 조합을 이루고
있는 행성은 없다.

* Goldilocks zone, 너무 크지도 않고 너무 작지도 않아 딱
  좋다는 대사가 반복되는 동화 『골디락스와 곰 세 마리』에서
  유래한 용어로, 생명체가 거주하기 적합한 환경을 갖춘
  천체가 위치한 우주 공간 영역을 뜻함 – 옮긴이

태양계의 거대 가스 행성

목성. 태양계에서 가장 큰 행성인 목성은 다른 행성들을 모두 합친 크기보다 두 배는 더 크고, 위성의 개수도 79개에 달하는 것으로 보인다. 이 행성의 대부분은 소용돌이치는 가스 및 액체로 이루어져 있으며, 대기는 수소와 헬륨으로 구성되어 있다. 목성의 강력한 대기압으로 수소가 액체 상태로 변하는 바람에 태양계에서 가장 큰 바다가 만들어지기도 했다. 목성에는 단단한 지표면이 없는 데다, 사나운 폭풍이 수백 년 동안 계속되므로 생명체가 존재할 수 없다. 최소 340년간 멈추지 않은 고기압성 폭풍이 바로 붉은색 타원형의 긴 반점으로 보이는 목성의 대적점(Great Red Spot)이다.

토성. 로마 신화에 나오는 농경과 부의 신의 이름을 딴 토성(새턴)은 주로 수소와 헬륨으로 이루어진 거대한 공 모양의 행성이다. 얼음과 바위로 구성된 고리 7개와 위성 82개에 둘러싸여 있다. 토성에서도 생명체는 살 수 없다. 지구상에서 가장 강력한 허리케인의 최대 풍속이 초속 110미터 정도인 데 반해, 토성의 상층부 대기권의 바람은 초속 488미터에 달한다. 대기압도 매우 높아서 목성처럼 가스를 액체로 바꾸어버린다. 천문학자들은 토성의 위성 중 두 개의 위성, 엔켈라두스와 타이탄에 미생물이 존재할 가능성이 있다고 본다.

지금 우리가 할 수 있는 일

천왕성. 그리스 신화에 나오는 하늘의 신의 이름을 딴 천왕성(유러너스)은 망원경 덕분에 발견된 첫 번째 행성이다. 희미한 고리 13개와 작은 위성 27개를 가지고 있다. 천왕성의 중심핵은 암석이지만, 질량을 차지하는 구성물질은 대부분 물과 메테인, 암모니아처럼 뜨거운 물질과 밀도 높은 얼음으로 섞여 있다. 대기는 수소와 헬륨으로 이루어져 있으며, 메테인도 조금 들어 있어서 행성을 푸른색으로 보이게 한다. 천왕성은 극단적이고 변덕스러운 환경을 갖고 있어 생명체가 살 수 없다. 중심핵 근처 온도가 섭씨 5,000도에 이르는데도 천왕성의 대기는 태양계 행성 중 가장 차갑다.

해왕성. 우리 태양계에서 가장 바깥에 있는 행성인 해왕성은 지구와 태양 거리의 30배에 달하는 먼 곳에 있다. 천왕성과 마찬가지로 해왕성 역시 물과 암모니아로 구성되어 있으며, 극소량의 메테인이 암석으로 된 작은 중심핵을 감싸고 있다. 천문학자들은 해왕성의 차가운 대기 아래에 굉장히 뜨거운 물로 이루어진 바다가 있다고 본다. 해왕성에서도 생명체는 살 수 없다. 해왕성의 평균 기온은 섭씨 영하 202도이며, 불안정한 대기에서는 얼어붙은 메테인 구름 위로 초음파 제트기보다 빠른 시속 1,931킬로미터의 강풍이 휘몰아친다.

태양계의 지구형 행성

수성. 가장 작은 행성인 수성은 태양과 제일 가까운 곳에 있어서 낮 기온이 섭씨 427도에 이를 만큼 상당히 뜨겁다. 하지만 대기가 너무 얇아 그 열기를 유지할 수 없기에 밤에는 섭씨 영하 179도까지 떨어지기도 한다. 수성의 대기는 대부분 수소와 나트륨, 산소, 헬륨 원자로 이루어져 있지만, 소행성들의 끊임없는 충돌, 각종 혜성에서 불어오는 먼지와 태양풍에 의해 수성 지표면에서 흩어져 버린다.

금성. 태양과 두 번째로 가까운 행성인 금성은 지구와 크기가 비슷하다. 금성에는 고리나 위성은 없지만, 화산 수만 개가 솟아 있다. 금성의 자전 방향은 천왕성과 마찬가지로 지구와 반대 방향인 시계 방향이다. 대기는 두껍고, 대부분 이산화탄소로 구성되어 있다. 이 온실가스로 인해 금성은 태양계에서 가장 뜨거운 행성이 되었다. 지표면 온도는 납을 녹일 만큼 뜨거운 섭씨 482도까지 오르곤 한다. 극심한 열기와 유독성 대기 때문에 금성에서도 생명체가 살 수 없다.

태양계에는 왜소행성 5개(케레스, 명왕성, 에리스, 하우메아, 마케마케), 110만 개 이상의 소행성, 3,700개가 넘는 혜성이 존재한다.

지구. 다른 행성들은 모두 그리스와 로마 신들의 이름을 따왔지만, 지구(Earth)는 '땅'을 의미하는 게르만 단어로 지어졌다. 지구 표면의 70퍼센트를 차지하는 바다는 지구에 있는 물의 97퍼센트를 보유하고 있다. 지구의 땅은 산과 협곡, 화산, 계곡 등으로 역동적인 풍경을 자아내는 것이 특징이다. 우리 행성은 장기간의 기후와 단기간의 국지적 날씨를 일으키는 대기가 있으며, 지하의 열로 따뜻하고 아늑한 환경을 유지한다. 지구에서는 생명이 번창했다. 남세균과 나비, 바오바브나무, 쇠고래, 판다, 올빼미, 황제펭귄, 이끼, 수선화, 동물플랑크톤 등 870만 종으로 추정되는 동물과 식물, 미생물이 지구에서 탄생했다. 그중 과학자들이 파악한 생명체는 단 14퍼센트에 불과하다.

화성. 지구의 절반 크기인 화성은 운석 충돌과 먼지 폭풍, 그리고 판구조론에 의해 변화한 울퉁불퉁한 지표면이 특징이다. 화성의 대기는 대부분 이산화탄소와 질소, 아르곤으로 이루어져 있다. 대기의 두께가 지구보다 100배나 얇아서 그 아래에 열을 가두는 데 효과적이지 않다. 그래서 화성의 온도는 섭씨 21도에서 영하 143도까지 빠르게 변할 수 있다. 화성은 생명체가 살 수 없을 만큼 춥고 건조하지만, 과거에는 좀 더 나은 환경이었을 거라고 천문학자들은 추측한다. 강과 호수의 바닥과 유사한 지표면의 형태는 한때 화성에 액체 상태의 물이 있었음을 보여준다.

태양

태양은 지구의 주요 에너지원이다. 우리의 중심별인 태양은 방사선으로
열을 전달한다(방사는 물체의 중심 위치에서 사방으로 내보내고 확산하는
것을 뜻함). 전자기파인 태양 방사선은 1억 5천만 킬로미터가량 떨어진
태양에서 우리 행성까지 약 8분 30초 만에 도달한다.

눈에 보이는 방사선을 가시광선이라고 하며, 자외선이나 적외선, 마이크로파,
라디오파, X선, 감마선처럼 보이지 않는 종류의 태양 방사선도 있다.

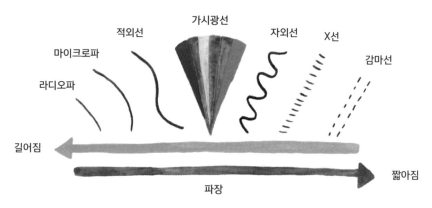

지구까지 오는 태양 에너지는 주로 짧은 파장의 방사선 형태다.

지구에 도달하는 태양 에너지의 약 30퍼센트는 소위 알베도 효과(albedo
effect)로 대기, 지표면, 빙원 등에 반사되어 우주로 돌아간다(알베도는
반사율이라고도 하며, 상대적으로 어두운 표면보다 밝은 표면의 반사율이 높다).
태양 에너지 중 약 19퍼센트는 대기와 구름에 흡수되며 51퍼센트는 육지와
바다에 도달하여 지구를 따뜻하게 한다.

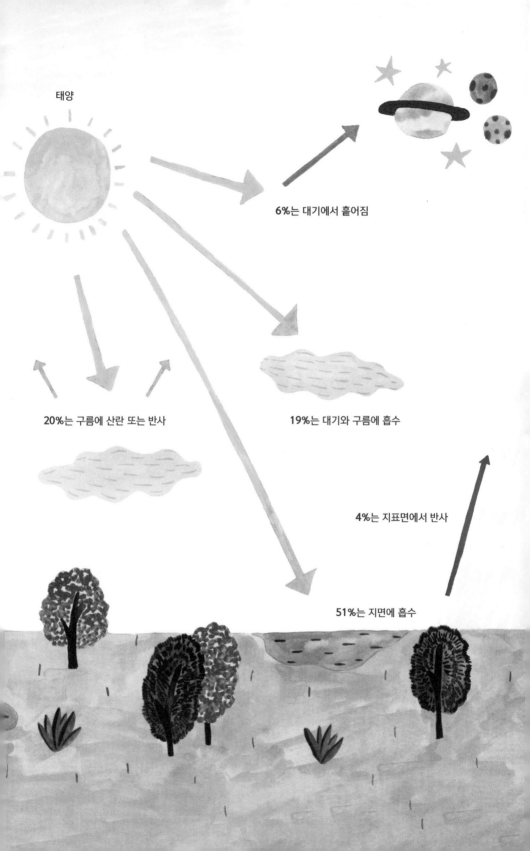

태양

6%는 대기에서 흩어짐

20%는 구름에 산란 또는 반사

19%는 대기와 구름에 흡수

4%는 지표면에서 반사

51%는 지면에 흡수

그러면 지구 표면은 세 가지 방법으로 그 에너지를 방출한다.

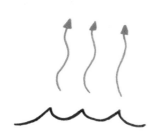

단파

장파

물의 증발. 태양 에너지는 물을 기체 상태로 바꿔 구름을 만들고 비와 눈을 포함한 모든 종류의 기상 현상을 일으킨다.

방사선. 우리 행성에 도달한 태양 에너지 대부분은 단파 형태의 방사선이지만 열로 변환된 후에는 지구 표면으로부터 더 긴 파장의 적외선 방사선으로 방출된다.

전도와 대류. 이는 우리 행성의 날씨를 좌우하는 두 개의 엔진이다. 전도는 직접적인 접촉에 의한 열전달 방식으로, 지구의 표면은 공기 중에 흡수된 태양 에너지를 방출한다. 따뜻해진 공기는 위로 올라가고, 그로 인해 생기는 대류라는 과정을 통해 다른 가스 분자에 열을 전달한다.

지구가 방출하는 에너지는 지구의 표면에 도달하는 태양 에너지와 같은 양이다. 다시 말해, 지구를 움직이는 에너지는 열역학 제1법칙에 따라 지배된다. 열역학 제1법칙이란, 에너지는 생성되거나 파괴될 수 없으며 단지 변형될 뿐이라는 자연법칙이다.

하지만 실제로 지구에 남아 있는 태양 에너지양은 대기에 크게 좌우된다.

대기

지구의 대기는 경이롭다. 우리 행성의 온도를 조절해주는 온도 조절기 역할을 하고, 태양으로부터 적절한 양의 방사선을 흡수하며, 지구 표면에서 튕겨 나오는 열 대부분을 우주로 방출한다.

우리의 대기는 중소형 유성들을 대기 가스로 불태워 그들과의 충돌로부터 지구를 보호한다. 게다가 대기에는 오존층이 들어 있어서, 해로운 자외선으로부터 지구 표면을 지켜준다.

대기 구성 요소

78%
질소

21%
산소

그 외 아르곤, 헬륨, 메테인,
이산화탄소 등 기타 가스 1%

외기권

열권

중간권

성층권

대류권

지구의 대기는 약 482킬로미터 두께로, 대류권과 성층권, 중간권, 열권, 마지막으로 외기권까지 총 5개 층을 가지고 있다.

대기 가스의 상당 부분이 지표면에서 가장 가까운 층인 대류권에 집중되어 있으며, 대부분의 날씨는 11킬로미터 두께의 이 대류권에서 발생한다.

날씨와 기후

날씨란 특정 장소와 시간의 대기 상태를 말한다. 우리가 날씨를 논할 때, 가령 오늘 우리 동네가 얼마나 덥고 추운지, 또는 습하거나 건조한지, 고요하거나 바람이 불거나, 맑거나 흐릴지 등을 말한다. 반면에 기후란 장기간에 걸친 평균적인 대기 상태를 의미한다. 이를테면, 열대 몬순 기후를 가진 지역에서는 일 년 내내 기온이 꽤 안정적이고, 폭우는 특정 달에만 내린다.

기후는 종종 30년 이상에 걸친 특정 지역의 평균 날씨로 설명된다. 날씨는 빠르게 변할 수 있지만, 기후는 매우 느리게 변한다.

대기와 지면 사이에서 일어나는 물의 움직임을 물의 순환이라고 한다. 그 원리는 다음과 같다. 태양열은 바다와 강, 호수 및 다양한 수역에서 많은 양의 물을 증발시킨다. 수증기는 상승하면서 팽창하고 냉각되어 구름으로 발달한다. 공기가 습기로 포화하며 물방울을 형성한다. 이 물방울들의 크기가 충분히 커지면 비가 되어 땅으로 떨어진다.

대류권에는 에어로졸(aerosol)이 들어 있는데, 에어로졸이란 풍류를 타고 먼 거리를 이동할 수 있는 작은 입자를 말한다. 먼지나 모래 입자, 포자, 화산재, 꽃가루도 에어로졸이지만, 화석연료가 연소하면 발생하는 유황 입자, 특히 질 낮은 석탄도 에어로졸에 포함되며, 자동차 배기가스와 산업 오염으로 수많은 에어로졸이 생산되었다. 유럽과 미국은 1970년대와 1980년대에 값싼 석탄을 단계적으로 폐기하기 시작했다. 에너지 발전을 위한 석탄 의존률이 굉장히 높은 중국과 인도는 현재 이산화황 최고 배출국이다.

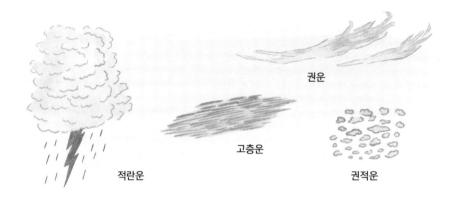

권운

고층운

적란운

권적운

구름은 언제나 지구의 약 3분의 2를 덮고 있으며, 그 형태도 맑은 날씨의 권운에서 우뚝 솟은 모양의 적란운에 이르기까지 다양하다. 구름은 알프스산맥에는 눈을, 아마존 밀림에는 폭우를, 동네 공원에는 여름 폭풍우를, 그리고 우리 식량을 재배하는 농작물 밭에는 간절히 필요한 물을 가져다준다.

대류권에는 평균 약 142조 리터의 수증기가 들어 있는데, 이는 지구 표면 전체를 약 2.5센티미터 높이의 비로 덮을 만큼 많은 양이다.

날씨와 기후는 지구의 다른 요인에 의해 좌우되기도 한다. 지구는 자전축을 중심으로 23.5도 정도 기울어져 있어, 태양 빛이 특정 지역에 더 강하게 내리쬐는 시기가 각기 다르므로 계절을 만들어낸다. 지구는 둥글어서 열대지방은 극지방보다 더 많은 에너지를 흡수한다. 적도를 따라 따뜻한 공기가 위로 이동하면 주변 지역의 찬 공기가 공간을 채우기 위해 밀려 들어와 뜨거운 공기를 적도로부터 극지방으로 이동시키는 기류를 형성한다. 한편, 지구의 자전은 이러한 기류로 일어난 바람 일부를 적도 부근에서 서쪽으로 회전시킨다.

층적운

고적운

적운

층운

온실가스

지구를 아늑하고 따뜻하게 유지하는 역할에 있어서 우리 대기가 하는 일은 거의 없다. 예를 들어, 질소와 산소는 들어오는 태양 복사와 나가는 적외선 방사선에 속수무책이다. 지구를 따뜻하게 하는 것은 자연적으로 발생하는 온실가스, 즉 물과 이산화탄소, 메테인, 그리고 아산화질소다.

그들이 없었다면, 지구 평균 온도는 섭씨 약 14도가 아닌 훨씬 더 추운 영하 18도 정도였을 것이다. 하지만 좋은 것도 지나치면 나쁘다. 온실가스가 증가할 때마다 지구의 온도도 상승하기 때문이다.

물(H_2O). 수증기는 가장 풍부한 온실가스로서 태양 에너지와 행성 표면으로부터 열복사를 흡수하기 때문에 공기 온도를 조절하는 데 큰 역할을 한다. 대기 중의 수증기 농도는 미량에 불과한 극지방과 약 4퍼센트에 이르는 열대지방까지 다양하지만, 낮은 대기의 높은 온도로 인해 바다에서 더 많은 물이 증발함에 따라 증가하게 된다.

이산화탄소(CO_2). 이산화탄소는 대기와 해양, 토양, 식물, 그리고 동물들 사이에서 일어나는 자연스러운 탄소의 순환에 따라 지구 대기에 자연적으로 존재하지만, 화석연료의 연소와 시멘트, 강철, 플라스틱의 제조로 인한 폐기물이기도 하다.

이산화탄소는 광합성을 통해 식물에 흡수될 때 대기에서 사라진다. 이것이 바로 삼림 벌채가 기후 변화의 주요 원인인 이유다.

메테인(CH_4). 온실가스 효과에 관한 한, 메테인은 이산화탄소보다 25배나 더 강력하나 대기 중 지속 기간은 약 10년에 불과하다. 이산화탄소는 최소 100년 이상 머무른다. 메테인은 메타노겐이라 불리는 미생물에 의해 자연적으로 생성되기도 하지만, 관련 연구에 따르면 전 세계 메테인 배출의 약 60퍼센트가 화석연료 생산과 운송, 가축 사육, 농업, 매립지에서의 유기 폐기물 분해 과정에서 비롯된 인간 활동의 결과다.

인간 활동으로 발생하는 주요 온실가스

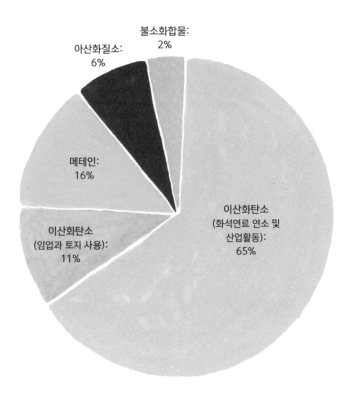

불소화합물:
2%

아산화질소:
6%

메테인:
16%

이산화탄소
(임업과 토지 사용):
11%

이산화탄소
(화석연료 연소 및
산업활동):
65%

아산화질소(N_2O). 바다와 육지에서 일어나는 화학 작용으로 자연적으로 생성되지만, 요즘에는 전 세계 농부들이 합성 비료를 농작물에 뿌릴 때 대기로 방출되기도 한다. 화석연료의 연소와 폐수 처리 과정에서도 발생한다. 열을 유지하는 측면에서 보면, 아산화질소 분자가 이산화탄소보다 무려 300배는 더 강력하다.

불소화합물(F-gases). 수소불화탄소, 과불화탄소, 육불화황, 삼불화질소가 들어 있는 인공 온실가스다. 주로 건물과 자동차의 에어컨을 만들 때 쓰이는 냉매처럼 특정 제품 제조 시 발생하는 복합적이고 강력한 온실가스다. 배출량은 적지만 온실효과가 강력하며 수천 년 동안 대기 중에 머물 수도 있어서, 불소화합물은 지구온난화지수가 높은 온실가스로 취급된다.

화석연료와 온실가스

식물은 광합성을 통해 태양 에너지를 이용하고 성장하는 데 이를 사용한다. 그 에너지는 식물이 시들고 죽을 때 그 잔해에 탄소로 풍부하게 저장되며, 수백만 년의 세월이 흐르면서 지구의 지각에 의한 열과 압력으로 변형되어 석유와 석탄, 천연가스와 같은 화석연료로 변한다.

1700년대 중반에 산업 혁명이 시작된 이래로 인류는 에너지를 생산하고 교통 시스템에 전력을 공급하기 위해 화석연료를 사용해왔다. 화석연료를 태우면 온실가스가 대기로 방출된다. 산업 혁명 이후, 대기 중 이산화탄소 농도가 49퍼센트 증가했으며, 메테인 농도는 162퍼센트, 아산화질소 농도는 23퍼센트 증가했다.

대기 중 온실가스 농도

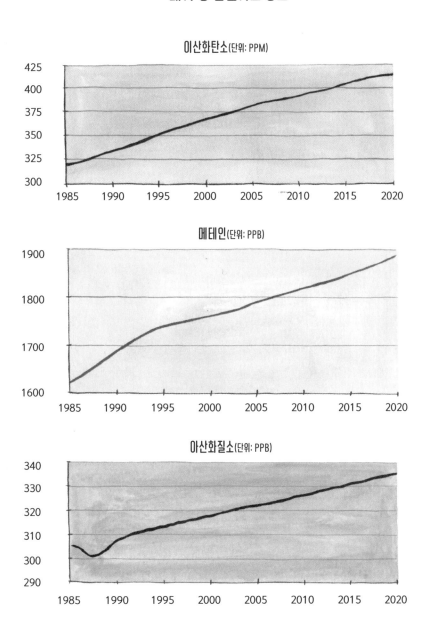

이산화탄소(단위: PPM)

메테인(단위: PPB)

아산화질소(단위: PPB)

기후 변화를 일으키는 에너지 불균형의 약 3분의 2에 해당하는 이산화탄소를 살펴보자. 지난 250년 동안 이산화탄소 농도는 산업 혁명 전보다 약 50퍼센트 증가하여 분자당 약 415ppm으로 상승했다.

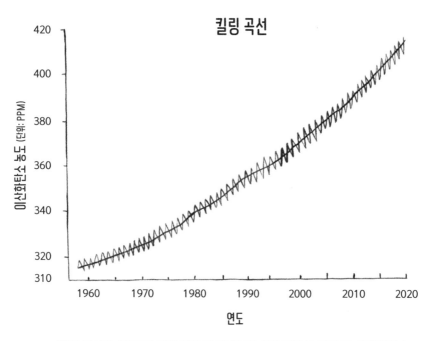

킬링 곡선은 1958년 하와이의 마우나로아 천문대에서 대기 중 이산화탄소 농도를 측정하기 시작한 찰스 데이비드 킬링(Charles David Keeling)의 이름을 딴 것이다. 그의 연구 자료는 두 가지 사실을 보여준다. 첫째, 이산화탄소 수치가 계절적 리듬을 따른다는 것이다. 북반구에 봄이 오면, 성장하는 식물이 광합성 운동으로 대기 중 이산화탄소를 제거해 그 수치가 감소하며, 광합성이 줄어드는 겨울에는 수치가 증가한다. 둘째, 이산화탄소는 장기간에 걸쳐 공기 중에 널리 퍼지며, 그 장기적인 농도 증가는 온실가스 배출의 빠른 증가와 관련이 있다.

지금 우리가 할 수 있는 일

온실가스 증가 = 저층 대기에 갇힌 열 증가 = 고온 현상

우리 행성은 뜨거워지고 있다. 증거는 명확하며 압도적이다. 2014년, 1,300명의 국제 과학 전문가들은 95퍼센트 이상의 확률로 지난 50년 동안의 인간 활동이 지구 온도를 높였을 거라는 결론을 내렸다.

1880년대 이후, 지구의 평균 기온은 약 1.2도 상승했고, 그중 3분의 2가 지난 몇십 년에 일어났다. 유엔에 따르면 1983년부터 2012년까지의 30년이 지난 1,400년 중에서 가장 따뜻했다고 한다. 2014년부터 2020년까지의 7년은 역사상 가장 더운 기간이었다.

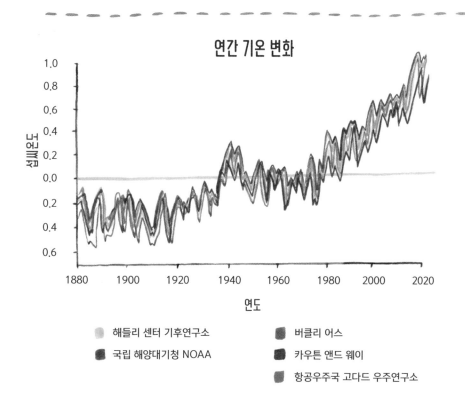

연간 기온 변화

해들리 센터 기후연구소
국립 해양대기청 NOAA
버클리 어스
카우튼 앤드 웨이
항공우주국 고다드 우주연구소

기후 위기

기온 상승으로 전 세계에 심각한 문제가 일어나고 있다.

산불. 건조한 지역은 산불에 더 취약하다. 서유럽과 캘리포니아, 알래스카, 칠레, 시베리아에서는 최근 몇 년 동안 파괴적인 산불이 일어났다. 2019년과 2020년에 호주에서 발생한 산불로 코알라와 왈라비, 웜뱃과 캥거루 등 수백만 마리의 동물과 사람 34명이 숨졌고, 집 6천 채와 각종 건물이 파괴되었다. 따뜻한 온도에서 활동하는 곤충들 때문에 최근 몇 년간 미국과 캐나다의 나무 수억 그루가 죽었으며 그 잔해는 산불을 부추기는 불쏘시개가 되었다.

폭염. 기후 변화로 인해 일부 지역에서는 폭염 발생이 두 배 이상 증가할 가능성이 커졌다. 최근 몇 년간 남아프리카와 호주, 브라질, 미국, 유럽에서는 기후 변화로 인해 심각한 가뭄이 들었고, 어떤 가뭄은 몇 년 동안이나 지속되었다. 기온이 상승하면 토양의 수분이 줄어들기 때문에, 이 문제는 가축 사료 및 우리가 소비하는 채소와 곡물, 과일에 필요한 비옥한 토양을 위협하여 식량 부족 현상을 초래한다.

홍수. 따뜻한 공기는 더 많은 습기를 머금는 경향이 있는데, 이 현상은 일부 지역에 강한 비가 더 자주 내리게 만든다. 폭우는 하천과 강, 호수를 범람시켜 인명과 재산 피해를 일으키고 식수를 오염시킬 수 있다. 하천과 해안 근처의 인구 밀집 도시 지역에도 홍수가 증가할 수 있다. 미국에서는 이미 미시시피강 계곡과 중서부, 북동부 지역에서 더 많은 홍수가 발생하고 있다.

집단 멸종. 지구는 여섯 번째 집단 멸종 시기를 맞이하고 있다. 이전에 있었던 집단 멸종의 주요 원인은 운석과 대규모 화산 폭발이었지만, 이번에는 인간 행동으로 인한 것이며, 기후 변화도 집단 멸종을 부추기는 한 요인이다. 연구원들에 의하면, 전체 동식물 종의 약 3분의 1이 향후 50년 안에 멸종할 것이라고 한다. 수많은 동식물이 변화하는 기후에 적응하려고 고군분투하고 있다. 개화와 산란 등 자연현상의 시기도 바뀌고 있으며, 치누크 연어나 왕나비와 같은 몇몇 종들은 그들의 이주 패턴을 바꾸었고, 고등어나 호박벌도 새로운 서식지를 찾아야 하는 상황에 직면했다.

폭풍. 허리케인이나 태풍, 사이클론은 따뜻한 바닷물과
차가운 상층 대기의 온도 차로 발생한다. 그 온도 차는 앞으로
더 커질 예정이며, 그로 인해 더욱 강렬한 폭풍이 빈번하게 발생할 것이다.
허리케인 하비와 같은 초대형 폭풍이 100년 주기가 아닌
16년 주기로 강타할 거라 예상된다.

해양 산성화. 바다는 인간이 대기로 방출하는
이산화탄소의 약 3분의 1을 흡수한다.
이산화탄소가 소금물과 섞이면, 물이 더
산성화되는 화학반응 현상이 일어나며,
이 현상은 해양 생물, 특히 연체동물과 게,
산호초에 큰 영향을 끼치고 있다. 수온의 상승과
해양 산성화는 2016년과 2017년에 걸쳐 호주
그레이트 배리어 리프* 산호초의 절반가량을
죽이고 표백 현상을 일으켰다. 연구자들은
2040년까지 전 세계 산호초의 70~90퍼센트가
죽을 것으로 예측하고 있다.

*Great Barrier Reef, 호주의 북동해안을 따라
발달한 세계 최대의 산호초 군락 – 옮긴이

지금 우리가 할 수 있는 일

빙원 융해. 북극 기온이 지구의 다른 곳보다 두 배나 빠른 속도로 상승하고 있다. 2020년 6월에 북극권 기온이 섭씨 38도에 달하면서 역사상 가장 높은 온도를 기록했다. 이렇게 높아진 기온은 극지방의 빙원과 항상 얼어 있는 땅인 영구동토층* 을 녹이고 있다. 영구동토층이 녹으면 이산화탄소와 메테인을 대기 중으로 방출해 기후 변화를 악화시킨다. 수백만 명의 주민들이 식수 및 관개시설을 위해 필요로 하는 산악 빙하도 점점 사라지고 있다.

    * 일 년 내내 얼어붙어 있는 토양층으로, 극지방에 주로 분포함 – 옮긴이
  ** 강이 바다로 들어가는 하구에 강물이 운반한 물질이 쌓여 이루어진 퇴적층 지형 – 옮긴이

해수면 상승. 지구 해수면은 1880년 이후 약 20센티미터 상승했고, 2100년까지 30센티미터에서 1.2미터 더 상승할 것으로 추정된다. 이것은 육지의 얼음이 녹아 물이 더해진 데다, 열팽창 현상으로 인해 따뜻해진 물의 부피가 증가한 결과다. 해수면 상승과 폭풍 해일 및 만조 현상 등으로 인해 21세기 말까지 해안 지역 거주민 6억 명 이상이 이주할 것으로 예상된다. 해수면 상승으로 전 세계의 농경지, 특히 아시아에서는 인구가 밀집해 있는 하성삼각주** 지역의 피해가 크며, 몰디브처럼 작은 섬나라 사람들은 생존을 위협받고 있다.

온난화 경향

과학자들은 지구 평균 기온이 산업화 이전보다 섭씨 1.5도까지 상승한다면 이러한 극단적인 사건들이 더 자주, 그리고 훨씬 더 심각하게 일어날 것으로 보고 있다. 그러면 기후 변화는 돌이키기가 어려워진다.

탄소예산(carbon budget)이란 지구 기온이 섭씨 1.5도 이상 상승하는 것을 막기 위해 전 세계에서 허용 가능한 이산화탄소 배출량을 뜻한다. 추정치는 다양하지만, 2018년 유엔 정부 간 기후 변화 패널은 이 수치를 약 10년 치 이산화탄소 배출량인 4,200억 톤으로 추정했다. 즉, 이산화탄소를 현재 비율로 계속 배출하면 늦어도 2030년에는 그 문턱에 도달하게 될 것이다.

1.5도 기준 탄소예산 현황

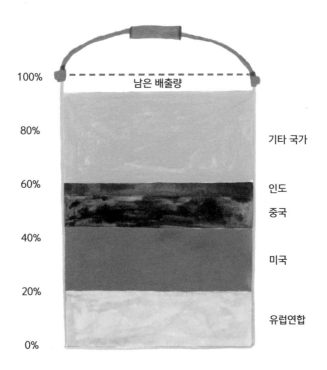

지금 우리가 할 수 있는 일

숫자로 보는 온실가스

경제 분야별 온실가스 배출량

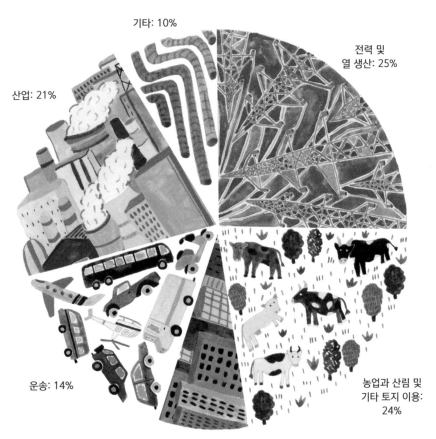

기타: 10%

전력 및
열 생산: 25%

산업: 21%

운송: 14%

건물: 6%

농업과 산림 및
기타 토지 이용:
24%

하지만 누가 배출하는가?

역사적으로 온실가스 배출량이 가장 많은 나라는 미국이다. 그러나 최근에는 중국이 그 방대한 산업 활동을 위해 엄청난 양의 석탄 연료를 사용하고 있어, 다른 어느 나라보다 많은 양의 이산화탄소를 방출하고 있다.

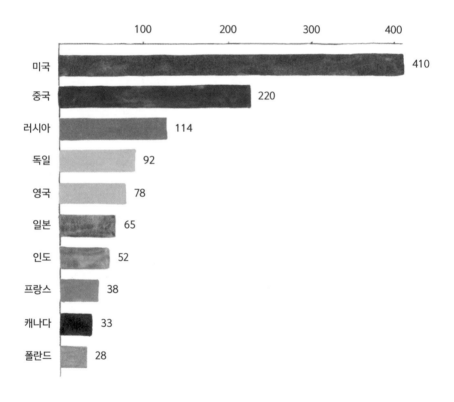

1750년~2019년 누적 CO$_2$ 배출량(단위: 10억 톤)

국가	배출량
미국	410
중국	220
러시아	114
독일	92
영국	78
일본	65
인도	52
프랑스	38
캐나다	33
폴란드	28

지난 몇 년간 중국 및 급성장하고 있는 다른 국가들의 이산화탄소 배출량이
증가했으며, 기타 선진국에서도 꾸준히 일정량을 배출했다.

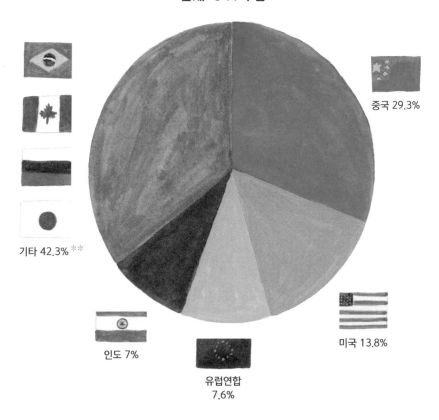

2020년 화석연료 사용으로 인한 CO_2 배출량
전체: 341억 톤*

중국 29.3%

기타 42.3% **

미국 13.8%

인도 7%

유럽연합
7.6%

* 2020년에는 코로나19로 인한 경기 침체로 배출량이 소량 감소했다.
** 기타에는 국제 항공 및 해상 선박용 연료유 사용에 의한 배출량이 포함되어 있다.

탄소발자국

탄소는 기후 변화에 일조하는 모든 온실가스를, 발자국은 누군가가 환경에 미친 영향을 의미한다. 따라서 **탄소발자국**은 개인이 대기에 방출한 온실가스 측정량을 말한다. 우리가 운전하는 자동차와 우리 집을 식혀주거나 따뜻하게 하는 전기, 우리가 먹는 음식, 그리고 우리가 버리는 쓰레기가 온실가스 배출을 일으킨다.

탄소발자국은 사는 위치와 생활방식에 따라 다르긴 하지만, 개인 소득과 탄소 배출 사이에는 분명한 상관관계가 있다. 돈을 더 많이 벌수록 더 큰 차를 몰고, 더 큰 집에 살고, 더 많은 음식을 먹기 때문에 온실가스를 더 많이 배출한다. 전 세계적으로 가장 부유한 상위 10퍼센트의 사람들이 전 세계 배출량의 거의 절반을 차지하고 있다.

그 때문에 부유한 나라에 사는 사람들의 탄소 배출량이 더 많은 것이다. 이를테면, 미국에 사는 사람의 탄소 배출량은 연간 16톤 이상이며, 이는 세계 평균 배출량의 4배로 세계에서 가장 높은 수치다.

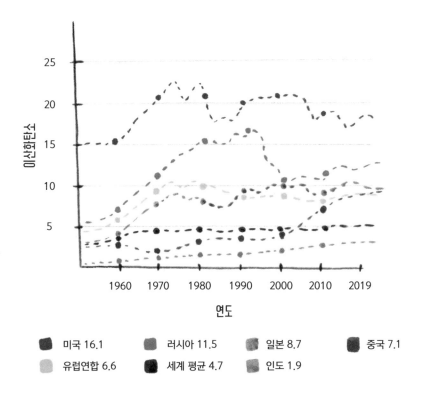

1인당 화석연료 사용으로 인한 연간 CO₂ 배출량(단위: 톤)

이산화탄소

25
20
15
10
5

1960　1970　1980　1990　2000　2010　2019

연도

■ 미국 16.1　　■ 러시아 11.5　　■ 일본 8.7　　■ 중국 7.1

■ 유럽연합 6.6　　■ 세계 평균 4.7　　■ 인도 1.9

각각의 탄소발자국이 모여 큰 문제를 일으킨다. 전 세계 배출량의
약 **3분의 2**가 가정의 소비 및 생활방식과 연관되어 있다.

기온이 1.5도 한계선을 넘지 않으려면 2030년까지 탄소
배출량을 약 2.5톤으로 줄여야 한다. 그러려면 정부와 기업의
도움이 필요하지만, 그들은 행동하지 않으므로 우리가 우리
자신의 생활방식을 변화시켜 탄소 배출량을 감소시켜야 한다.

꾸물거릴 시간이 없다

과학자들은 우리가 2030년까지 온실가스 오염을 2010년 수준에서 45퍼센트 줄이고, 2050년까지 탄소중립*에 도달하지 않는 한, 암울한 미래 세계와 직면하게 될 거라고 말한다.

"기후 위기에서 벗어나는 일은 호모 사피엔스가 직면한 역사상 가장 어렵고 거대한 문제다. 하지만 그 해결책은 어린아이도 이해할 만큼 매우 간단하다. 바로 우리의 온실가스 배출을 중단하는 것이다. 우리가 가진 선택지는 많지 않다. 1.5도 온난화 한계선을 지키거나 지키지 않는 것. 인간의 통제를 벗어나 돌이킬 수 없는 연쇄적 폭발을 피하거나 피하지 않는 것. 우리가 문명을 지속하는 쪽을 택하거나 택하지 않는 것, 둘 중 하나뿐이다. 이 문제는 매우 까맣거나 매우 하얗다. 생존에 관한 한 회색 지역은 없다."

– 그레타 툰베리(Greta Thunberg), 스웨덴 환경운동가

"기후 변화는 생사를 가른다. 불필요한 우려라고 비난할 수도 있겠지만, 과학을 믿는다면 매우 심각한 일이 일어나고 있는 것이 맞다. 기후 변화와 지구 온난화는 새로운 세계 전쟁이다. 그것은 마치 선진국만의 문제인 양 표현되고 있지만, 그들은 지구 온난화를 촉발했을 뿐이다."

– 왕가리 마타이(Wangari Maathai), 노벨상 수상자이자 그린벨트 운동 창시자

*net zero, 개인이나 단체가 배출한 온실가스 배출량을 각자 다시 흡수하여 순수 배출량을 0으로 만드는 것 – 옮긴이

"우리가 지구상에서 가장 지적인 존재라면, 우리의 유일한 집을 파괴하는 것은 말도 안 된다. 나는 우리가 가진 시간의 양이 줄어들고 있다고 확신한다. 만약 우리가 남은 시간 동안 힘을 합한다면, 우리가 안겨준 상처를 치유하거나, 적어도 기후 위기의 속도를 늦출 수는 있을 것이다."

– 제인 구달(Jane Goodall), 영국의 영장류학자

"우리는 기후 변화의 원인이 인간이라는 사실을 잊어버리고 대기업이나 정부에 책임을 떠넘기는 경향이 있다. 그러나 사실은, 우리 모두가 기후 변화에 기여했다. 모든 사람이 배출량을 줄인다면, 집단으로 기후 변화에 대응할 수 있다."

– 크리스티아나 피게레스(Christiana Figueres), 글로벌 옵티미즘의 설립자이자 2015년 파리에서 개최된 유엔기후변화회의 의장

"기후 변화가 우리 세계에 미치는 영향에 관해 이야기하기 시작한 후로 20년 동안, 내가 상상했던 것보다 상황이 훨씬 더 빠르게 변했다. 무섭게 들릴 수도 있지만, 과학적 증거를 보면 우리가 앞으로 10년 안에 극적으로 행동하지 않을 경우, 자연에 돌이킬 수 없는 피해를 주고, 우리 사회도 붕괴할 수 있음을 알 수 있다. 시간은 촉박하지만, 아직 희망은 있다."

– 데이비드 애튼버러(David Attenborough), 영국의 방송인, 자연주의자, 작가

둘
전원 가동

우 리는 전기 생산을 위해 화석연료를 태우기 시작했다. 1882년, 토머스 에디슨이
런던에 석탄 화력 발전소를 처음으로 건설했을 때였다. 140년 전, 수천 개의
화력 발전소가 전 세계에 세워졌다. 그리고 오늘날, 컴퓨터와 TV부터 냉장고와
세탁기에 이르기까지 우리의 집을 덥히고 식히기 위해 사용하는 대부분의 전기가
화석연료를 태우는 시설에서 생산되고 있다.

하지만 이제는 상황이 바뀌고 있다. 신재생에너지가 빠르게 성장 중이고, 환경을
생각하는 시민들이 가정에서 전기량을 줄이는 방법을 다양하게 찾고 있으며, 이는
우리의 화석연료 사용량을 줄이는 데 도움을 주고 있다.

화석연료와 전기

전 세계에서 발생하는 전기의 약 3분의 2가 석탄과 천연가스, 석유를
화력 발전소에서 연소시켜 생산된다. 화력 발전소에서 전기를 생산하려면
화석연료의 종류와 상관없이 사용하는 두 가지 장치가 있다. 바로 터빈과
발전기다.

증기터빈

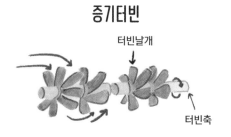

이 기계의 작동 방식은 이렇다. 먼저 석탄과
천연가스, 석유를 연소시켜 보일러 물을
데운다. 물이 증발하면 증기가 생성되고, 그
증기가 터빈날개를 움직인다. 그러면 터빈이
전자기 발전기를 움직이며 운동 에너지를
전기 에너지로 바꾼다.

전자기 발전기

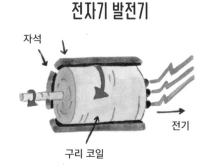

최초의 전자기 발전기인 패러데이 원반은
1831년 영국의 과학자 마이클 패러데이
(Machael Faraday)가 발명했다. 매우
비효율적이었으나, 자력으로 전기가
만들어진다는 것을 증명했다.

오늘날, 2000년 기준으로 석탄을 태워 전력을 생산하는 국가는 최소 66개에서
80개국에 이르며, 전 세계 석탄 사용량은 2000년에서 2019년 사이에 거의 두
배 증가했다.

화력 발전소

중국 내몽골 자치구에 있는 다탕 퉈커퉈(Datang Tuoketuo) 발전소는 세계에서 가장 큰 석탄 화력 발전소다.

미국 최대 석탄 발전소는 앨라배마에 있는 제임스 H. 밀러 주니어(James H. Miller Jr.) 발전소로, 미국에서 가장 많은 온실가스를 배출하고 있다.

각 발전소는 인구가 5천만 명인 케냐보다 더 많은 양의 이산화탄소를 배출한다.

석탄 소비

세계에서 가장 인구가 많은 5개국은 석탄을 태워 전력 대부분을 생산한다.

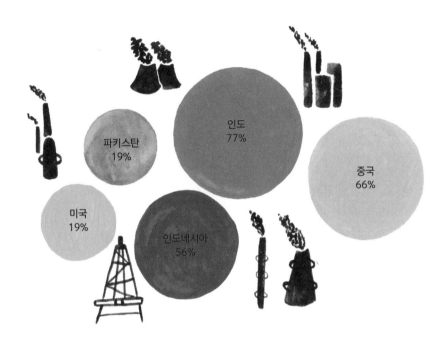

석탄은 전 세계 전력의 약 40퍼센트를 생산하는 데 사용된다.

석탄 화력 발전소가 배출하는 이산화탄소량은 공장의 능률과 석탄 종류마다 다르지만, 보통 천연가스를 태우는 발전소보다는 약 50퍼센트, 원자력이나 풍력, 태양열 발전소보다는 50배에서 100배 더 많은 이산화탄소를 배출한다.

지구의 온도 상승을 1.5도 이하로 유지하려면 향후 10년간 석탄 사용량을 최소 80퍼센트 감소시켜야 한다. 그러나 전문가들은 석탄 발전소가 앞으로도 수십 년간 꾸준히 가동될 거라고 본다. 미국과 유럽연합, 영국 등이 단계적으로 석탄 사용을 폐지하고 있지만, 베트남이나 인도네시아, 터키 등 값싼 전기가 필요한 고속 성장 국가에서는 석탄 화력 발전소를 새로이 건설할 계획이다.

석탄은 적이다

전 세계 전원별 발전량

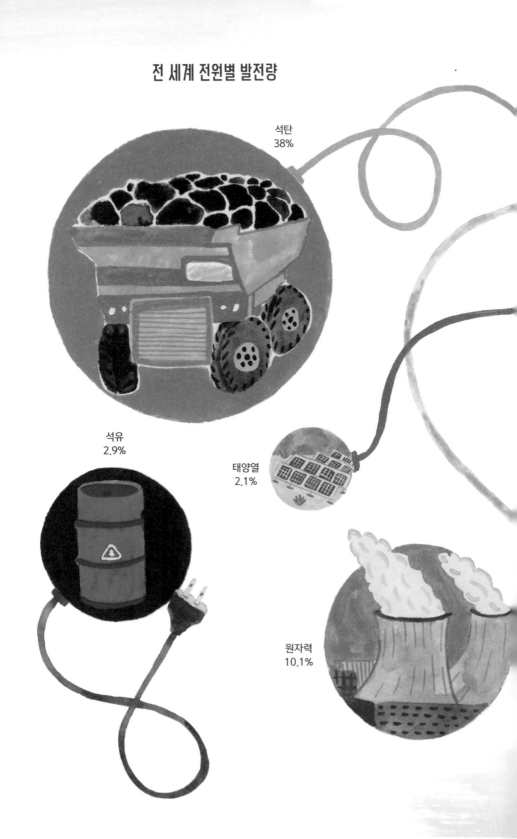

석탄
38%

석유
2.9%

태양열
2.1%

원자력
10.1%

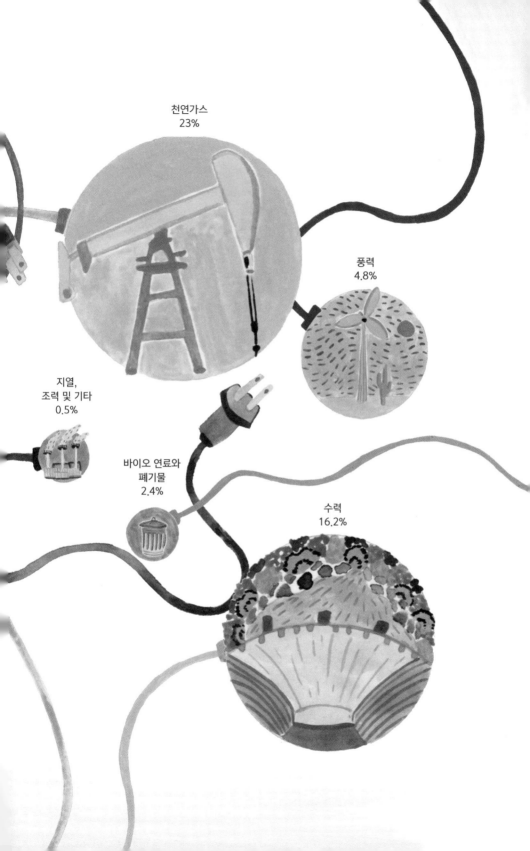

천연가스
23%

풍력
4.8%

지열,
조력 및 기타
0.5%

바이오 연료와
폐기물
2.4%

수력
16.2%

현대 생활을 이끄는 전기

전력 회사에서 생산한 전기는 주로 제품을 제조하거나 가정에서 가전제품을
사용하는 데 쓰인다. 세계의 전기 소비량은 인구보다 더 빠른 속도로
증가하는데, 이는 사람들이 점점 더 많은 전기를 사용하고 있음을 의미한다.

분야별 세계 전력 소비량

산업
42%

주거
26.9%

상업 및 공공 서비스
21.5%

교통
1.7%

기타
7.9%

전기와 탄소 배출

2019년, 미국 내 가정들은 평균적으로 시간당 10,649킬로와트의 전기를 사용하여 7.5톤의 이산화탄소를 발생시켰다. 이는 아래의 이산화탄소 배출량과 맞먹는다.

휘발유 약 3,214리터 연소

석탄 약 3,783킬로그램 연소

자동차 약 30,524킬로미터 주행

석유 약 2,780리터 연소

미국 가정 내 전기 사용량은 유럽연합의 1인당 소비량의 2배 이상이며, 세계 평균의 약 4배에 달한다. 그 이유는 에어컨의 보급 및 미국인들이 주로 단열이 잘 안 되는 큰 집에서 사는 편이기 때문이다.

가정 내 전기 사용

전 세계 탄소 배출량의 약 20퍼센트는 우리가 가정에서 사용하는 에너지에서 나온다. 가정 내 주요 전기 사용원은 다음과 같다.

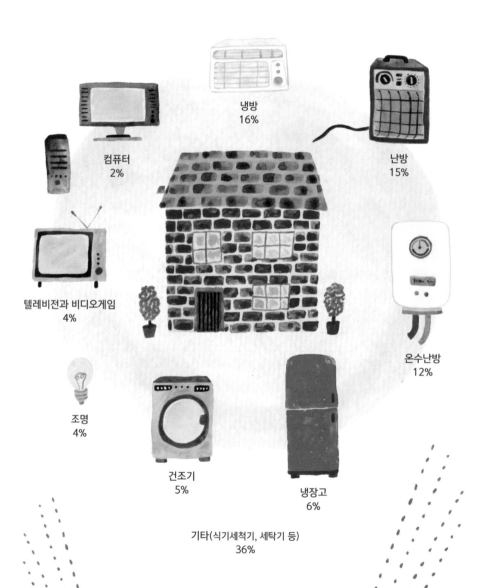

냉방
16%

난방
15%

컴퓨터
2%

텔레비전과 비디오게임
4%

온수난방
12%

조명
4%

건조기
5%

냉장고
6%

기타(식기세척기, 세탁기 등)
36%

전구

종류는 수십 가지이나, 가정용 전구는 주로 다음 네 가지 중 하나에 속한다.

백열전구는 1980년대까지 유일한 전구였으나, 사용하는 에너지 대부분을 빛이 아닌 열로 변환하기에 매우 비효율적이다.

소형 형광등은 최근 수십 년 동안 인기를 끈 전구로, 백열전구보다 훨씬 효율적이다. 최근에 나온 형광등은 백열전구보다 최대 75퍼센트 낮은 에너지를 사용한다.

할로겐전구는 2000년 대부터 사용하게 되었으며, 백열전구보다 약 30퍼센트 더 효율적이고 10배는 더 오래 쓸 수 있다.

발광 다이오드(LED)는 백열전구보다 최대 85퍼센트 낮은 에너지를 사용하므로 가장 좋은 전구다. 10와트짜리 LED는 60와트 백열전구만큼 많은 빛을 내며, 최대 25년까지 쓸 수 있다.

효율적인 전구를 사용해야 화석연료의 연소를 막을 수 있다. 만일 미국인들이 사용하는 모든 백열등과 할로겐등을 LED로 바꾼다면, 매년 탄소 배출을 3천만 톤 이상 줄일 수 있을 것이다.

에너지 잡아먹는 에어컨

에어컨은 인기가 많다. 미국 가정 90퍼센트가 에어컨을 갖고 있으며,
일본(90퍼센트)과 호주(72퍼센트)에서도 에어컨을 많이 사용한다. 그러나
유럽에서는 전체 가정의 20퍼센트 정도에만 에어컨이 있다.

우리가 사는 곳이 어디든, 에어컨은 많은 전력을 소비하고 뜨거운 공기를
배출하여 외부온도를 높이므로 에어컨을 적게 사용할수록 탄소발자국을
낮출 수 있다. 진퇴양난이 아닐 수 없다. 에어컨을 많이 사용할수록 지구는
더 뜨거워진다.

폭염이 잦아지고 도시 인구가 늘면서 에너지를 잡아먹는 에어컨 사용이
급증하고 있다. 2050년까지 냉방을 위한 전 세계 에너지 수요가 세 배까지
늘어날 것으로 예상된다. 세계에서 사용하는 전기 대부분이 화석연료를 태워
생산되기 때문에, 에어컨 사용이 증가하면 더 많은 이산화탄소가 배출될
것이다.

설상가상으로, 교류 발전소에서는 종종 교류 발전기의 제조와 설치, 폐기
과정에서 강력한 온실가스인 수소불화탄소를 대기로 방출한다.

물론 에어컨이 없으면 견디기 어려운 곳도 있으나, 에어컨을 과도하게
사용하고 있는 것이 사실이다.

에어컨에도 종류가 있다

적합한 에어컨을 사용하면, 가스 배출을 줄이고 전기 요금을
절약하는 데 도움이 된다. 일반적으로 에어컨 장치의 종류는
네 가지로 나뉜다(옆 쪽 참조). 냉방을 해야 하는 공간과
구매 예산에 따라 알맞게 선택할 수 있다.

1인용 에어컨은 좁은 공간을 위해 설계되었다. 비교적 효율성은 다소 떨어지지만 마땅한 창문이 없거나 예산이 빠듯할 때 사용하기 좋다.

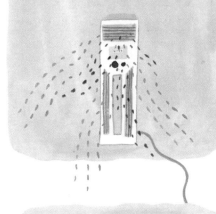

벽걸이 에어컨도 집의 일부 공간을 냉방하는 데 쓰인다. 비싸지만 설치가 쉽고 난방 기능도 제공할 수 있다.

시스템 에어컨은 더 효율적이고 비싸며, 큰 집을 냉방할 때 적합하다. 최신 모델은 구형 모델보다 에너지 사용을 30에서 50퍼센트 낮출 수 있으므로, 에어컨이 오래됐다면 최신 모델로 재설치하는 편이 좋다.

창문형 에어컨은 그리 효율적이진 않지만, 에어컨을 자주 사용하지 않거나, 방 또는 작은 아파트에서 사용하기 가장 좋다. 에어컨 크기가 너무 크면 에너지가 낭비되므로 사용할 공간에 적합한 크기인지 확인해야 한다. 또한 덕트 테이프를 사용해 창문에 에어컨을 단단히 고정해야 찬 공기가 누출되지 않는다.

어떤 선택을 하든 가장 효율적으로 구매하려면 조사를 해야 한다. 많은 국가에서 가전제품에 관한 에너지 효율 라벨*을 가지고 있다.

미국에서는 에너지스타(Energy Star)
라벨이 붙은 에어컨을 찾아야 한다.
표준 모델보다 효율이 높다.

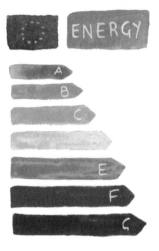

유럽에서는 효율 라벨을
A부터 G등급으로 매긴다.

에어컨이 이미 있다면, 에어컨을 조금씩 사용하는 것이
제일 중요하다. 집에서 냉방을 해야 할 땐 온도를 섭씨
26도 정도로 설정해야 한다. 몇 시간 동안 외출을 할 때나
밤에 체온이 떨어질 때는 온도를 더 높이는 게 좋다.

＊한국에서는 에너지 소비 효율을 1~5등급으로 구분함 - 옮긴이

에어컨 없이도 집을 시원하게 만들기 위해
우리가 할 수 있는 일

실링팬을 설치하자. 천장용 선풍기는 매우 적은 에너지로도 시원하게 만들 수 있다.

선풍기를 틀자. 좋은 위치에 놓고 쓰면 더위를 덜 수 있다. 밤에 창문 옆에 두면 시원한 공기를 집으로 끌어들일 수 있다. 외출 시엔 반드시 끄자. 선풍기로 시원한 건 집이 아닌 사람이니까 말이다.

특히 더운 달에는 카펫을 걷어내자. 집이 더 시원하게 느껴질 것이다.

햇볕이 강할 땐 커튼을 치자. 열을 차단할 수 있다.

바람을 활용하자. 해가 지면 창문을 열어 바람이 들어오게 하자. 여러 창을 동시에 열면 신선한 기류가 형성된다.

천연 재료의 시트와 옷을 사자. 면이나 리넨은 합성섬유보다 통기성이 더 좋아서 시원하게 해준다.

여름에는 오븐 사용을 피하자. 많은 열을 방출하기 때문이다.

식물을 키우자. 화초는 습기를 흡수하고 그늘을 제공하여 집을 시원하게 해준다.

돌고 도는 회전문

회전문은 건물 안이 겨울에는 따뜻하고 여름에는 시원하도록 도와주어
에너지를 절약시킨다. 만약 모든 건물에 회전문을 설치해 사용한다면,
에너지가 절약되고 온실가스 배출량이 감소할 것이다.

겨울철 에너지 소비를 줄이기 위해
우리가 할 수 있는 일

온도를 조절하자. 우리가 깨어 있는 동안은 온도를 섭씨 20도 정도로 설정하고, 자거나 외출할 땐 온도를 낮추자. 하지만 실내 온도는 일정하게 유지하는 편이 에너지 절약에 도움이 되므로 조금만 낮춘다.

옷을 껴입자. 담요와 스카프, 두꺼운 양말을 꺼내어 더 따뜻하게 입는다.

햇빛을 들이자. 낮에는 커튼을 거둬 온도를 높이고, 밤에는 커튼을 닫아 열 손실과 추위를 막는다.

실링팬을 시계 방향으로 돌리자. 열은 상승하는 특성이 있지만, 팬을 돌리면 차가운 공기가 올라가고 따뜻한 공기가 아래로 내려간다.

집 안의 문을 닫아두자. 특히 사용하지 않는 공간의 문은 주의해야 한다.

열기를 막지 말자. 열을 흡수하는 큰 가구 옆에는 방열기를 놓지 않는다.

오븐의 열을 활용한다. 요리가 완성될 즈음 오븐의 문을 열어둔다.

단열을 위해
우리가 할 수 있는 일

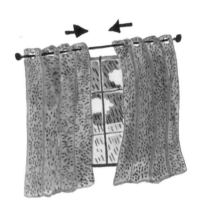

창문이 확실히 닫혔는지 확인하자.

커튼을 치자. 밤에 커튼을 치면 방 안의 열 손실을 10퍼센트 정도 막을 수 있다. 매우 추운 지역의 경우, 단열 커튼을 설치할 수도 있다.

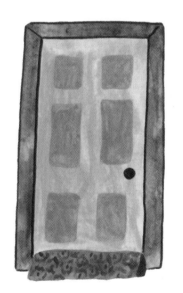

문 밑에 문틈막이를 붙이자.
방 안에 열을 가두는 좋은 방법이다.

단열을 위한 준비

겨울나기를 준비하지 않는 집이 많다. 창틀이나 에어컨 모서리, 몰딩 뒷부분, 그리고 바닥판 아래의 작은 구멍과 균열들이 집 안으로 냉기를 들여보내 난방비와 탄소발자국을 증가시킬 수 있다.

전문가들은 그 다양한 틈새를 모두 합하면 미국 가정집의 벽에는 평균 가로세로 약 91센티미터 크기의 구멍이 나 있을 거라고 말한다. 하지만 그 작은 구멍들을 모두 찾기란 쉽지 않으므로, 미국의 경우 주택 소유주에게 몇몇 전력 회사에서 무료로 에너지 감사 서비스를 제공하고 있다.

집의 배관을 밀봉하자.
다락방이나 지하실, 차고의 배관을 점검하고, 틈새를 발견하면 마스틱 밀봉제나 메탈테이프를 붙인다.

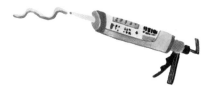

집에 있는 틈을 메우자.
창문 주변의 틈을 통해 내부 열기 대부분이 빠져나갈 수 있다.

전기흡혈귀

평균적으로 미국 가정에는 전원을 꺼도 전력을 사용하는 장치가 65개에 달한다. 수많은 텔레비전 장치와 노트북, 컴퓨터, 게임기, 케이블 박스, 프린터, 무선 전화기, 커피 메이커, 전자레인지, 식기세척기, 가열식 수건걸이, 전동 칫솔 충전기, 세탁기 등이 이에 해당한다.

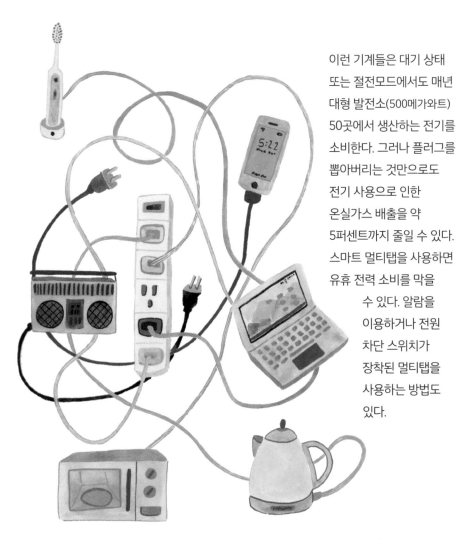

이런 기계들은 대기 상태 또는 절전모드에서도 매년 대형 발전소(500메가와트) 50곳에서 생산하는 전기를 소비한다. 그러나 플러그를 뽑아버리는 것만으로도 전기 사용으로 인한 온실가스 배출을 약 5퍼센트까지 줄일 수 있다. 스마트 멀티탭을 사용하면 유휴 전력 소비를 막을 수 있다. 알람을 이용하거나 전원 차단 스위치가 장착된 멀티탭을 사용하는 방법도 있다.

지금 우리가 할 수 있는 일

우리 집의 변기 개조

내가 일고여덟 살 때, 화장실 바닥에서 자갈 몇 조각을 발견했다. 어머니께 말했더니, 어머니는 바로 변기의 탱크 뚜껑을 열어 자갈이 어디서 나왔는지 보여주었다. 그리고 내 어린 시절 내내 화장실 변기 탱크 속에 축구공만 한 돌덩이를 넣어놓았다.

이상해 보일 수도 있지만, 어머니가 그렇게 한 데에는 이유가 있다. 우리 집에는 아이 셋과 어른 둘이 살고 있었고 각자 하루에 몇 번씩 변기 물을 내렸다. 말 그대로 엄청난 양의 물이 필요했다. 하지만 어느 순간, 어머니는 변기를 돌로 채우면 물도 적게 사용하고, 수도 요금도 절약하고, 수자원도 보호할 수 있다는 걸 깨달은 것이다. 게다가 변기도 잘 작동했다.

가정에서 물을 가장 많이 쓰는 요인은 변기 사용이며, 샤워와 목욕이 그 뒤를 잇는다. 2009년 연구자들은 미국 가정을 위한 물 추출과 운송 및 처리 과정에서의 이산화탄소 배출량이 연간 승용차 5,300만 대가 내뿜는 온실가스 배출량과 맞먹는다고 추정했다.

집에서 물과 에너지를 절약하기 위해
우리가 할 수 있는 일

냉장고 사용을 줄이자. 냉장고 설정을 최대로 두지 말고, 문도 가능한 한 적게 열자. 만약 장 보는 양이 적으면, 비어 있는 냉장 공간에 에너지를 낭비하지 않도록 작은 냉장고를 사용하자.

빨래는 냉수와 햇볕을 이용하자. 옷을 세탁할 때 뜨거운 물을 사용하지 않으면 상당량의 에너지가 절약된다. 약간 얼룩진 옷을 세탁할 땐 차갑거나 미지근한 물이 더 효과적일 수 있다. 뒷마당이 있으면 건조기 대신 빨랫줄에 옷을 말려보자.

식기세척기는 가득 채워 사용하자.

작동 시간을 짧게 설정하거나, 절약 기능으로 사용해도 그릇은 충분히 깨끗하게 세척된다. 손으로 설거지할 때, 그릇을 먼저 물에 담가두면 물 사용을 크게 줄일 수 있다.

누수를 막자. 매초 한 방울씩 떨어지는 수도꼭지 누수로 매년 수천 리터의 물이 낭비된다. 이때 포말기를 설치하면 유실량을 약 40퍼센트 줄일 수 있다.

더욱 효율적인 샤워기를 설치하자. 매년 물 1만 리터

이상을 절약할 수 있다. 노래하며 샤워하는 건 좋지만, 짧게 끝낸다면 물 사용도 줄이고 물을 데우는 에너지도 절약할 수 있다.

뚜껑을 덮자. 요리할 때 뚜껑을 닫고, 버너 크기에 맞는 냄비를 쓰면 에너지를 절약할 수 있다.

500원

그린 에너지 타임스

제5214호   그린 에너지 타임스   2025년 3월 22일 월요일

한눈에 보는 신재생에너지 혁명

치솟는 그린 파워!

2020년, 신재생에너지 생산량이 화석연료와 원자력을 합친 양보다 빠르게 10.3퍼센트까지 성장했다. 청정에너지는 현재 전 세계 총 에너지 생산량의 약 37퍼센트를 차지하고 있다.

미국에서 신재생에너지 신기록 달성

미국은 2020년에 전력의 약 20퍼센트를 신재생에너지로 생산했다. 조 바이든 대통령 정부는 2035년까지 에너지 부문 탄소 배출량을 0으로 줄이는 것을 목표로 하고 있다.

인도네시아의 석탄 거부

전력의 약 60퍼센트를 화석연료로 생산하는 인도네시아 정부가 신재생에너지에 사활을 걸고 있다. 이 동남아시아 국가는 최대 69곳의 오래된 석탄 화력 발전소를 신재생에너지 발전소로 교체할 계획이다.

화석연료에 등 돌린 기업들

이베이(2025)와 H&M(2030), 타겟(2030), 월마트(2025)는 곧 모든 전력을 신재생에너지로 공급받겠다고 약속했다. 구글과 애플, 페이스북은 이미 전력 100퍼센트를 신재생에너지에서 공급받고 있다.

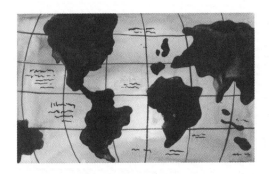

화석연료를 버린 투자자들

세계 최대 국부펀드인 노르웨이의 1조 1천억 달러(약 1,430조 원) 펀드가 풍력 및 태양광 발전 프로젝트에 수십억 달러 투자 계획을 밝혔다. 이 펀드는 석유와 가스를 탐사하는 134개 회사에 대한 80억 달러 (약 10조 원)의 투자를 회수할 계획이다.

야심 찬 목표로 성장하는 그린 에너지

전 세계 국가와 지역, 도시, 마을이 신재생에너지 목표를 야심 차게 설정했다. 캘리포니아는 2030년까지 전력의 60퍼센트를, 2045년까지 100퍼센트를 재생 가능한 자원에서 에너지를 생산하기로 약속했다. 유럽연합의 재생에너지 목표는 2030년까지 32퍼센트를 달성하는 것이며, 라틴 아메리카는 같은 해까지 전력의 70퍼센트를 신재생에너지로 생산하기로 했다. 아이슬란드와 파라과이, 코스타리카는 이미 거의 모든 전기를 신재생에너지로 생산하고 있다.

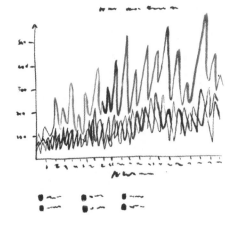

재생 가능한 미래…

2020년 에너지원별 신재생에너지 발전량

바이오에너지 4.5%

수력 43%	풍력 26%	태양열 26%	

지열 및 해양에너지
0.5%

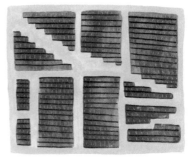

전 세계에 대형 댐이 약 6만 개가 있어
수력발전을 신재생에너지의 가장 큰
원천으로 삼고 있다. 수력발전용 댐은 물의
운동 에너지를 전기로 바꾸며, 식수와
관개를 위한 물을 보유하기 위해 터빈과
발전기를 사용한다. 2018년 이타이푸
(Itaipu) 수력 발전댐은 브라질(인구 2억
1천만)에서 소비되는 전력의 15퍼센트와
파라과이(인구 700만)에서 소비되는
에너지의 90퍼센트를 공급했다.

태양광 발전은 가장 빠르게 성장하는
신재생에너지원이다. 태양열 발전소는
태양 에너지를 전기로 변환해주는 수많은
광전지가 장착된 패널을 사용한다. 태양
전지판의 가격은 점점 내려가고 효율성은
높아지고 있다. 새로운 양면 태양 전지 패널은
위아래에 모두 광전지 셀이 있는 게 특징이며,
윗면의 셀은 태양의 에너지를 포착하고,
아랫면의 셀은 땅에서 반사된 빛을 흡수한다.
양면 패널은 일반 태양 전지판보다 15에서
20퍼센트 더 많은 전력을 생산한다.

칠레 아타카마 사막에 있는 엘 로메로(El Romero)는 라틴 아메리카에서 가장 큰 태양광 발전소 중 하나다. 연간 평균 493기가와트시의 전기를 생산하는데, 이는 24만 가구에 전력을 공급할 수 있는 청정에너지다. 석탄 발전소는 매년 이산화탄소 47만 4천 톤을 배출하는 반면, 엘 로메로는 전혀 배출하지 않는다.

…그 미래는 이미 시작되었다

인간은 이미 수천 년 동안 풍력을
이용했다. 우리 조상들은 곡식을 갈거나
관개를 위해 물을 옮기는 데 풍차를
사용했다. 이제 우리는 깨끗한 에너지
생산을 위해 풍력 터빈을 이용한다.
육상 풍력 발전소의 터빈은 일반적으로
2~5메가와트의 전력 생산능력이
있으며, 이는 수백 가구에 전력을
공급하기 충분한 양이다. 해상 터빈은
12메가와트를, 개발 중인 미래 모델은
15메가와트를 생산할 수 있다.

바이오에너지는 동식물의 유기물질로 만들어진다. 전형적인 바이오매스*
발전소에서는 물을 채운 파이프를 가열하기 위해 나무 조각과 농업 폐기물을
태운다. 물은 증기화되고, 증기는 터빈을 움직여 전기를 생산한다. 세계에서 가장
큰 바이오매스 발전소는 폴란드 남부의 폴라니에크(Polaniec) 발전소로, 그곳에서
32만 가구에 전력을 공급하기에 충분한 전기가 생산된다.

*biomass, 생물 연료를 의미하는 동시에 생물체의 중량 단위를 뜻함 – 옮긴이

지열(Geothermal)은 그리스어로 '지(地, earth)'와 '열(熱, heat)'을 뜻하는
단어에서 유래했다. 지열 발전소는 약 3,200미터 깊이의 파이프에 물을
주입하여 청정에너지를 생산한다. 지구의 열은 물을 증기를 바꾸고, 수증기는
터빈과 발전기를 통해 전기로 변한다. 이탈리아의 라르데렐로(Larderello)는
세계에서 가장 오래된 지열 발전소로, 1904년에 최초의 발전기가 설치되었고,
1913년부터 산업용 에너지를 생산하기 시작했다. 현재 라르데렐로 단지에는
2백만 가구가 사용하기에 충분한 전력을 생산하는 총 34개의 지열 발전소가
갖춰져 있다.

조만간 조력 에너지를 사용할 수 있다. 세계 최초
조력 에너지 프로젝트의 중심이 될 메이젠(MeyGen)
이 위치한 곳은 스코틀랜드 최북단 해안의 펜틀랜드
(Pentland) 해협으로, 지구에서 가장 강력한 조류가
일어나는 곳 중 하나다. 메이젠은 현재 2,600가구가
사용할 수 있는 전기 생산을 위해 수중 터빈 4개를
사용하고 있으며, 향후 몇 년 내에 터빈 수십 개를
추가할 계획이다. 과학자들은 펜틀랜드 해협에서
스코틀랜드 전력 수요의 절반을 충당할 수 있는
전기 공급이 가능할 것으로 추정하고 있다.

그린 에너지 구매하기

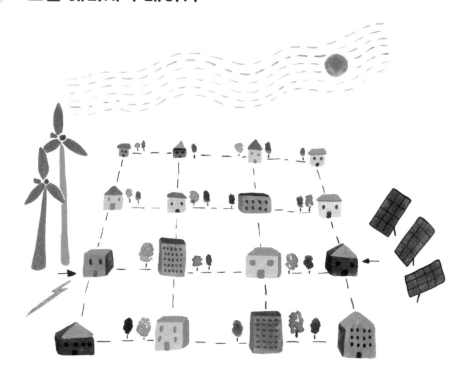

우리 집을 위해 깨끗한 에너지를 사는 것도 탄소발자국을 줄이는 좋은
방법이다. 하지만 말처럼 쉽지는 않다. 에너지 시장이 자유롭게 운영되는
국가에서만 에너지원 선택이 가능하기 때문이다. 미국에서는 약 18개
주에서만 전력 시장을 자유화했다.

하지만 신재생에너지 공급인증서*는 거주 지역에 상관없이 언제나 구매할
수 있다. 인증서는 각각 신재생에너지원에서 생산되는 일정한 전력량을
보여주며, 우리가 인증서를 구매하면 신재생에너지 발전 회사가 우리의
소비 전력에 대한 금액을 받을 수 있다. 따라서 인증서를 사는 사람이
많으면 신재생에너지 회사들은 더 많은 돈을 벌 것이다.

* Renewable Energy Certificates, RECs라고도 하며, 우리나라에서도 산업용, 일반용 전기소비자는 누구나
  신재생에너지 발전 사업자로부터 구매 가능함 – 옮긴이

태양의 힘

태양 에너지를 이용하는 가장 효과적인
방법은 지붕에 태양광 전지판을 설치하는
것이다. 미국에서 일반 주택에 설치할 경우,
주 세금 혜택을 제외한 연방 세금 우대를
받고도 평균 1만 2천 달러(약 1,560만 원)가
든다. 엄청난 금액이지만, 평균적으로
약 7년 안에 설치비 회수가 가능하다.

이웃과 힘을 모아 공동 태양광 발전(community solar)을 위한 작은 태양광
발전소를 짓는 방법도 있다.

와일라 존스(Wahleah Johns)

나바호 자치국* 내 1만 5천 가구에 오프그리드** 태양열 시스템 공급을 목표로 하는 회사, 네이티브 리뉴어블스(Native Renewables)의 공동 설립자

전통적으로 태양은 우리 인간이 고난과 어려움을 극복하는 데 큰 도움을 주었다. 태양은 모든 토착 부족과 나라가 공유하는 강력한 문화적 연결 고리다. 우리는 모두 태양뿐 아니라 달과 물, 땅, 불의 힘에 관해 이야기하며, 여전히 자연법칙을 따르고, 자연을 향해 기도한다. 우리는 자연 없이 존재하지 못하며, 자연에 감사해야 한다.

우리 부족의 많은 사람이 전력망에서 멀리 떨어진 시골 지역에 살고 있어서, 그들의 집까지 송전선을 연장하기가 어렵다. 그러나 미국 서남부지역에서는 300일 이상 햇빛을 받을 수 있으므로, 오프그리드 태양열 시스템으로 이 문제가 잘 해결될 것으로 보인다. 태양광 전지판으로 원주민의 환경을 보완할 수 있다.

오프그리드 태양열 시스템은 냉장고와 조명 및 전자 장치를 계속해서 사용할 수 있는 전력 생산이 가능하다. 전지판을 잘 관리하고 에너지를 효율적으로 사용한다면 20년 이상 유지할 수 있다. 중요한 것은 교육이다. 종일 불을 켜 놓거나 난방기를 틀어선 안 된다. 가전제품을 끌 수 있는 행동의 전환이 필요하다.

태양열 시스템을 설치하면, 가정이 어떻게 변하는지 보인다. 처음으로 냉장고를 갖게 된 수많은 가정에서 음식을 차갑게 보존하고, 더는 통조림을 먹지 않게 되었다. 더 건강한 식생활을 하게 된 것이다. 실내 배관이 가능한 물 펌프에도 동력을 공급하면서 실로 엄청난 변화를 가져왔다. 게다가 인터넷 접속도 할 수 있다.

냉장고와 실내 배관, 인터넷 접속. 미국 사람들이 당연하게 누리는 이 세 가지가 원주민 가정에는 없다. 안타까운 일이지만, 오프그리드 태양열 시스템을 도입하면 그들 가정에 엄청난 변화를 일으킨다. 진정한 성장을 하게 된다. 시간이 지나면, 원주민들은 자립적으로 에너지를 사용하며 살 수 있게 될 것이다.

* Navajo, 미국 애리조나와 유타, 뉴멕시코주에 걸쳐 있는 미국에서 가장 큰 원주민 보호구역 – 옮긴이
** off-grid, 외부의 에너지 제공 없이 살아가는 데 필요한 최소한의 전기를 직접 생산해 사용하는 생활방식 – 옮긴이

"나바호 자치국에서는 1만 5천 가구가 전기 없이 살고 있습니다.
만일 오프그리드 태양 에너지를 사용한다면, 그들은 우리가 세상에서
어떻게 살아야 하는지를 보여주는 모델이 될 것입니다."

셋
기후 친화적인 식생활

음식은 지구가 우리에게 준 선물이다. 먼 옛날, 수렵 채집인이었던 인간은 이후에 동식물을 길들이며 야생적인 재능을 이용하는 법을 익혔다. 시간이 흐르면서, 인간은 농작물을 기르고 가축을 키우기 위해 지구 표면의 37퍼센트를 차지하고 숲을 파괴하며 수많은 야생 생물을 멸종으로 몰아넣었다.

오늘날, 산업용 농업에서는 지구의 80억 인구를 위한 식량 생산을 목표로 경작과 단일 재배를 하고 유독성 농약을 사용한다. 식품 생산은 우리 탄소 배출량의 4분의 1을 차지한다. 인구는 2050년에 100억 명이 될 것이다. 그때까지 식량 수요가 50퍼센트 증가하여 환경에 대한 압박이 증가할 것으로 보인다.

하지만 희망은 있다. 우리가 동물 제품을 거부하고, 기후 친화적인 식생활을 하고, 지속 가능한 농장에서 식료품을 사고, 음식쓰레기를 줄인다면, 상황은 바뀔 수 있다.

식량 생산과 기후 변화

콩이나 옥수수, 밀 등 주요 식품을 생산하는 단일 재배 시스템의 산업용 농업은 세계 인구의 절반 이상이 먹는 식자재를 공급한다.

산업용 농업의 기원은 프리츠 하버(Pritz Haber)라는 독일 화학자가 폭발물과 합성 비료의 주성분인 질산암모늄을 발견한 1900년대 초로 거슬러 올라간다. 합성 비료에는 질소와 인, 칼륨, 황 등 식물 성장을 돕는 소수의 영양소가 들어 있다.

옛날에는 토양에 자연스레 존재하는 박테리아나 곰팡이, 원생동물과 같은 미생물이 이런 영양소를 식물에 제공해주었다. 이런 미생물은 식물과 공생관계로 살아가며 식물이 번성하도록 돕는다. 하지만 농약 사용과 경작 생활이 미생물을 죽게 만들고, 농민들이 식물이 성장하는 기간인 생육기에 땅을 내버려두지 않아서 토양은 더욱 훼손되었다.

이건 나쁜 소식이다. 토양이 건강해야 식물이 광합성으로 흡수한 탄소를
자연적으로 저장할 수 있기 때문이다. 토양 미생물이 죽으면 저장되었던 탄소는
대기로 방출된다. 그리고 합성 비료를 사용하면 토양은 강력한 온실가스인
아산화질소를 방출한다.

산업용 농업에 종사하는 농부들은 곤충과 잡초로 인한 농작물 피해를 막기 위해
살충제와 제초제를 쓴다. 이러한 농약은 꿀벌이나 박쥐, 나비, 벌새와 같이 꽃들
사이에서 꽃가루를 전달하여 식물이 번식하는 일을 돕는 꽃가루 매개자들을
위협한다.

수십 년간의 농약 사용은 다른 강력한 농업 기술들과 함께 유기물과 미네랄이
풍부한 토양의 상층을 죽이고 있다. 표토가 죽으면, 식물에 줄 영양분이 없는
농지는 점차 척박해진다. 계속해서 증가하는 세계 인구와 그만큼 증가하는
식량으로 인해, 농부들은 더욱 비옥한 땅을 찾아 숲속 나무들을 베고 있다.

거대한 온실가스 공장, 육류산업

추수 감사절에 칠면조 먹기나 토요일 밤에 햄버거 먹기, 아침 식사로 베이컨
먹기 등 사람들은 고기를 먹는 수많은 방법을 생각해냈다. 그건 좋다.
문제는 너무 많이 먹는다는 것이다. 전 세계적으로 사람들은 매년 평균 약
34킬로그램에 달하는 고기를 먹는다. 그러나 선진국에서는 그 두 배를 먹는다.
그 모든 고기 생산을 위해 식품 산업에서는 매년 소와 돼지, 닭 수십억 마리를
키우고 있으며, 사육 공간을 확보하고자 야생동물 서식지를 빼앗았다.
그 결과로 야생동물들이 믿을 수 없이 빠른 속도로 사라지고 있다.

**지구상 모든
포유동물
중에서**＊…

60%는 가축

36%는
인간

4%는
야생동물이다.

**지구상 모든
새 중에서**＊…

30%는
야생동물이다.

70%는
가금류

＊ 지구 전체 바이오매스의 백분율

식용 동물을 키우려면, 식물보다 훨씬 더 많은 땅과 물이 필요하다. 그에 비해 우리에게 제공하는 영양분은 그리 많지 않다.

18% 칼로리
37% 단백질

80% 가축

전체 농경지의 **80퍼센트**가 가축용으로 쓰인다. 하지만 가축은 우리가 섭취하는 총 칼로리의 **18퍼센트**와 단백질의 **37퍼센트**만을 제공한다. 그러나 온실가스 배출량은 총 배출량의 **15퍼센트**나 차지한다.

배출되는
메테인의 95%

배출되는
메테인의 5%

거름도 메테인과
이산화탄소의 원천

이 온실가스 배출은 주로 소의 트림에서 발생한다. 트림은 장 발효라는 소화 과정에서 기인하는데, 소화관에 있는 미생물들이 소가 먹은 음식의 당을 혈류로 흡수시키기 위해 더 작은 분자로 전환하는 과정을 말한다. 메테인은 이 과정의 부산물이며 그중 일부는 소에게 포만감을 주고, 대부분은 소의 트림을 통해 밖으로 나온다.

동물성 식품

소의 메테인 배출에 이어, 동물 사료 생산은 가축 부문에서 온실가스 배출량의 두 번째 많은 양을 차지한다. 소, 염소, 돼지, 닭을 기르기 위해 농부들은 끊임없이 목초용 토지를 개간하고 사료용 작물을 재배해야 한다. 가축용 사료의 주재료인 옥수수와 콩의 생산은 온실가스 배출을 포함하여 산업용 농업에 관한 다양한 문제를 일으킨다. 비료를 사용하고 생산하면서 아산화질소를 내뿜고 삼림 벌채로 숲을 파괴하기 때문이다. 그러나 세계 농경지의 약 3분의 1이 사료용 농작물을 재배하는 데 사용되고 있다.

약 500그램 생산당 필요한 사료

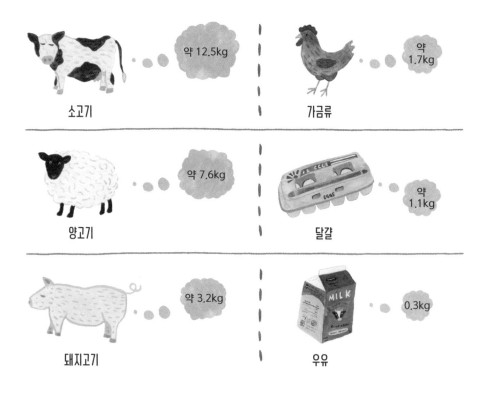

소고기 — 약 12.5kg	가금류 — 약 1.7kg
양고기 — 약 7.6kg	달걀 — 약 1.1kg
돼지고기 — 약 3.2kg	우유 — 0.3kg

축산업계에서는 수익을 늘리고자 동물을 좁은 공간에 가둔다.

닭과 칠면조는 날개를 펼 수도 없을 만큼 작은 우리에 갇혀 있는 경우가 많다. 그 우리는 대부분 창문이 없어 신선한 공기 대신 인공적으로 환기하는 대형 헛간에 들어 있다.

소는 떼 지어 모여 초원에서 풀 뜯어 먹기를 즐기는 사회적 동물이다. 하지만 낙농업계는 소들을 비좁은 공간에 가두어 키우며, 쉴 때나 우유를 짤 때, 먹을 때조차 움직이지 못하도록 머리를 고정한 채 한 마리씩 묶어놓기도 한다. 유제품 제조업자들은 우유 생산량을 높이려고 소에게 성장 호르몬을 주입하기도 한다.

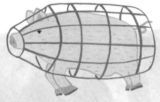

돼지는 비참한 삶을 산다. 수컷 돼지는 고기 맛을 나쁘게 만드는 호르몬 생산을 막기 위해 거세당하며, 돼지 대부분이 뒤돌아설 수도 없는 작은 울타리 안에 갇혀 산다. 이런 피폐한 환경에서 돼지들이 살아남도록 항생제를 투여하는 경우가 많은데, 그로 인해 인간들의 항생물질 내성이 높아져 치료제를 선택할 소중한 기회가 줄어든다.

고기소는 보통 사료를 주기 전 생애 첫 몇 달은 넓은 초원에서 지낸다. 그러고 나서 축사에 갇힌 다음에는 소들은 소화 장애를 일으켜 건강을 악화시키는 농축 사료와 곡물을 먹는다. 이후에 몇백 킬로그램씩 살이 찌면, 도살장으로 보내진다.

전체 식품 공급망의 온실가스 배출량

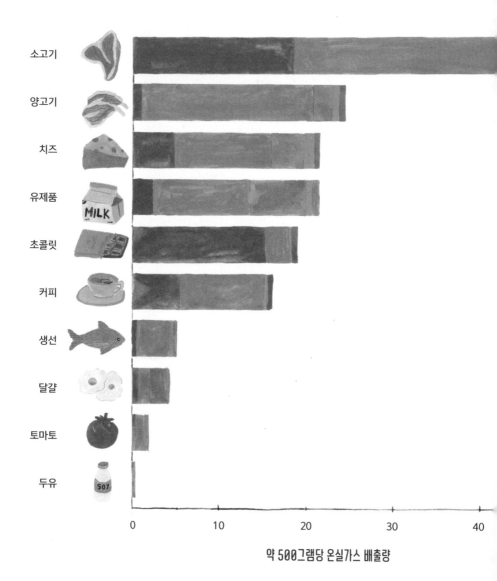

약 500그램당 온실가스 배출량

지금 우리가 할 수 있는 일

육류와 유제품은 모든 식품 중에서 탄소발자국이 가장 크며,
대체품들보다 물을 더 많이 소비하고 생물 다양성을 훼손시킨다.
하지만 모든 고기가 똑같은 방식으로 만들어지는 건 아니다.
소고기나 양고기, 치즈를 먹는 것은 에너지 생산을 위해 석탄을
태우는 것과 같지만, 닭고기와 돼지고기는 온실가스 배출량이 훨씬
적다. 물론 과일 및 채소와 비교했을 땐 여전히 매우 높다.

 토지 용도 변경

 농장

 동물 사료

 가공

 운송, 소매, 포장

50   60

생선을 지속 가능한 방법으로 먹기 위해
우리가 할 수 있는 일

지속 가능한 생선

생선은 맛있기도 하지만, 환경발자국*이 고기보다 훨씬 작은 데다 철분과 아연, 오메가-3 지방산처럼 다른 식품에서 찾기 힘든 영양소를 많이 함유하고 있다. 하지만 어류 식품마다 만들어지는 환경발자국은 각각 다르다.

* 탄소발자국과 비슷한 개념으로, 인간이 의식주에 필요한 자원을 생산하고 폐기하는 과정에서 환경에 영향을 끼치는 정도를 의미함 – 옮긴이

개체 수가 풍부한 생선을 고르자. 사람들이 선호하는 어종은 남획되기 때문에, 빠르게 증가하는 인구수를 지탱할 만한 물고기가 충분치 않다. 대서양 연어, 대서양 대구, 참치, 상어처럼 몸집이 큰 포식동물은 남획되는 경향이 있으므로 피하는 것이 좋다. 만약 참치를 좋아한다면, 황다랑어나 참다랑어보다 개체 수가 더 풍부한 가다랑어를 선택하자.

**개체 수가 잘 관리되는 물고기를
고르자.** 알래스카 야생 연어와
알래스카 명태가 해당된다.

**미국 메인주에서 생산되는
바닷가재를 고르자.** 메인주에서는
가재의 개체 수가 잘 관리되고
있지만, 다른 곳에서는 그 수가
급격히 감소 중이다.

제품 설명서를 잘 읽자. 슈퍼마켓에서 판매 중인 새우는 대부분 양식장에서
나오며, 중국과 베트남, 에콰도르가 세계 최고 수출국이다. 지속 가능한
방법으로 양식되는 새우도 있지만, 그렇지 않은 경우도 있다.

**친환경 인증을 받은 생산업체에서
구매하자.** 대구나 참치, 문어와
같은 어류를 잡으려고 개체 수가
고갈된 지역에서 남획하거나, 물고기
서식지를 파괴하고, 해양 포유류
등 다른 종들을 죽거나 다치게 하는
경우가 있다.

**먹이사슬의 낮은 단계에 있는
어종을 구매하자.** 고등어나 멸치,
청어, 정어리 같은 사료용 물고기는
대량 남획 대상이 아니므로 더 큰
물고기보다 그 수가 풍부하다.

연체동물류는 양식을 고르자. 굴 대부분이 남획으로
사라져, 야생 굴 채집이 금지되었다. 야생 홍합과
바지락은 지속 가능한 방식으로 채집할 수도 있지만,
그 수가 많이 감소한 지역이 있다. 지속 가능한
양식장에서는 게와 물고기를 위한 해양 환경을 조성하기
위해 연체동물을 사용하는데, 그런 곳에서 생산된 굴과
홍합, 바지락 등을 사는 것이 가장 좋다.

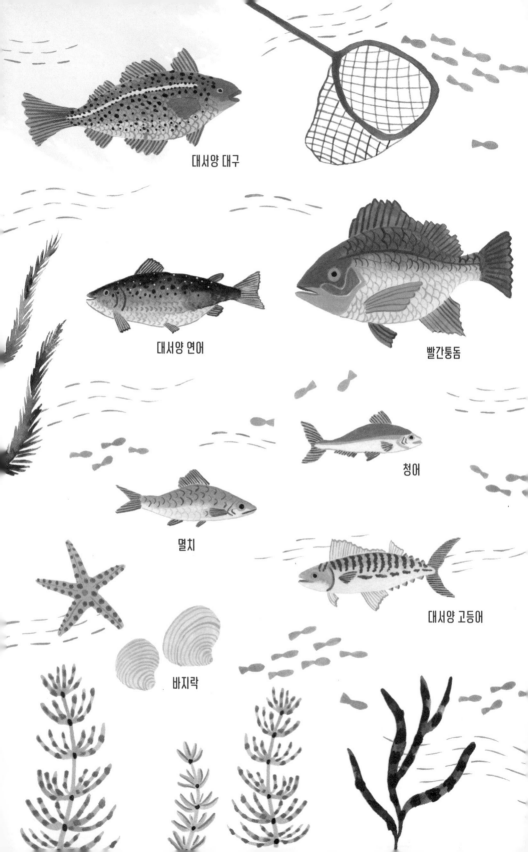

대서양 대구

대서양 연어

빨간퉁돔

청어

멸치

대서양 고등어

바지락

문어

가다랑어

명태

오징어

정어리

굴

홍합

야생 새우

바닷가재

소규모 어업과 에코 라벨(Eco-Labels)

우리가 구매하는 야생 해산물을 건강한 환경에서 수확하고, 해양생태계에 끼치는 피해를 최대한 줄이려면, 현재 100여 개국에서 판매 중인

해양관리협의회(Marine Stewardship Council)의 인증을 받은 제품을 구입하자. 현재는 약 절반 정도지만, 2030년 내로 우리가 먹는 모든 해산물의 3분의 2가 양식업에서 나오게 될 것이다. 대체로 양식업은 야생 어류에 큰 부담을 주지 않으면서 더 많은 해산물을 생산할 수 있고, 양식 해산물은 가축보다 탄소 배출량도 훨씬 적다. 연어나 틸라피아, 연체류, 새우 등의 양식 해산물을 지속 가능한 방식으로 생산했는지 확인하려면 **우수양식기술(Best Aquaculture Practices, BAP)** 인증과 **세계양식책임관리회(Aquaculture Stewardship Council, ASC)**의 에코 라벨을 확인해보자.

일반적인 경험에서 보면, 소규모 어업에서 수확한 해산물을 고르는 것이 환경을 위한 방법이 될 수 있다. 특히 선진국에선 지속 가능한 방법을 사용하도록 민간 어부들을 엄격하게 규제하고 있기 때문이다. 게다가 소비자들이 구매하는 해산물 종류가 다양해지면, 소규모 어업에 종사하는 어부들은 일 년 중 특정 시기에 수확되는 어류를 종류에 상관없이 풍부하게 잡을 수 있다.

전 세계 사람들은 수천 종의 해산물을 먹지만, 대부분 슈퍼마켓에서 제공하는 어종은
열 가지가 넘지 않는다. 만약 우리가 더 많은 종류의 생선을 먹는다면 멸종될 위기에
처한 어종들의 부담을 줄일 수 있다. 시야를 넓히기 위해 생선가게에서 생선을 골라보자.
그리고 가시와 껍질이 없는 살코기만 사는 대신 생선 하나를 통째로 사자. 그러면 식사
준비에 소비되는 추가적인 자원 낭비도 막고 생선 공장에서 버려지는 쓰레기도 최대한
줄일 수 있다.

기후 친화적인 식생활을 위해
우리가 할 수 있는 일

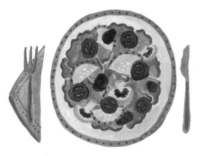

비건***이 되자.** 우리의 주요 식단, 즉 동물과 생선 섭취를 모두 피해야 탄소발자국을 줄일 수 있다. 만일 모든 사람이 비건 식단으로 생활한다면, 식품 생산으로 인한 세계 온실가스 배출량이 58퍼센트 줄어들 것이다. 미국과 브라질, 아르헨티나, 호주 사람들은 평균적인 세계 시민들보다 더 많은 고기를 섭취하기 때문에, 그들이 채식주의자가 되면 탄소발자국을 훨씬 더 극적으로 감소시킬 수 있다.

* vegan, 동물성 식품을 전혀 먹지 않는 엄격한
  채식주의자 – 옮긴이

플렉시테리언***이 되자.**
플렉시테리언은 가끔 고기를 먹긴 하지만, 예외일 뿐 꼭 먹어야 하는 건 아니다. 붉은 고기를 메뉴에서 완전히 없애보자. 그 대신 닭이나 칠면조로 대체한다면 온실가스 배출량을 감소시킬 수 있다.

* flexitarian, 채식주의 단계 중 가장 낮은 단계의
  식습관을 지닌 채식주의자로, 육류와 생선을 가끔
  먹는 사람들을 의미함 – 옮긴이

3분의 2 방식에 도전해보자. 만일 고기를 더 자주 먹어야 한다면, 먹는 양의 3분의 1만 육류로, 나머지 3분의 2는 비건 버거나 소시지, 통곡물, 과일, 채소, 견과류, 콩류 등 채식주의자 식단으로 채운다. 동물성 식품을 고를 땐 고기보다 환경발자국이 훨씬 작은 연체류 해산물이나 작은 물고기로 고른다. 식물성 식사를 자주 하면 탄소 배출량을 줄이는 데 큰 도움이 될 것이다.

유제품을 최대한 줄이자. 이젠 비건 치즈가 대세이며, 다른 선택지도 많다. 우유를 비(非)유제품으로 대체하되, 비건 우유도 종류가 다양하다는 걸 명심하자. 환경발자국에 관한 한, 귀리나 콩 우유가 코코넛, 아몬드, 쌀 우유보다 더 낫다.

우리의 새로운 친구, 콩을 자주 먹자!

우리가 전 세계적으로 온실가스 배출량을 줄이려면 콩, 렌틸콩, 완두콩 등 견과류와 씨앗류를 세 배 이상 소비하고, 네 배 이상 섭취해야 한다. 만일 우리가 먹는 고기와 달걀을 단백질이 풍부한 콩으로 대체한다면, 농부들은 이런 식용 씨앗을 더 많이 키울 것이다. 콩은 대기에서 질소를 끌어내어 토양에 비료를 주므로 환경에도 좋고, 단백질과 비타민, 복합 탄수화물, 섬유질이 풍부하여 우리 몸에도 좋다. 게다가 두부나 후무스, 팔라펠, 볶은 땅콩처럼 콩으로 만든 맛있는 식품도 있다!

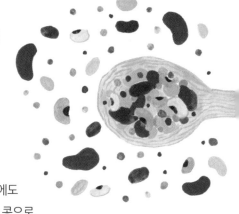

정제 곡물과 가공 음식, 설탕이 첨가된 음료는 피하자. 이 제품들은 신선한 과일과 채소보다 탄소발자국이 더 크며, 우리 건강에도 좋지 않다.

다양한 식단을 짜자. 다양한 음식을 먹으면 우리 몸에 필요한 영양분을 골고루 섭취하는 동시에, 농부들이 큰 밭에서 한 가지 작물만 키우는 대신 작은 밭에서 여러 작물을 재배하도록 장려할 수 있다.

더 적게 먹어야 할 사람들이 많다. 전 세계적으로 **성인 20억 명**이
과체중이거나 비만이며, 그들 대부분이 산업화 국가에서 살고 있다.

적게 먹을수록 식료품 생산이 줄어들 것이며, 그러면 경작지를
사용하지 않아 새로운 숲이 생겨날 것이다.

애완동물 사료의 탄소발자국

전 세계에는 개가 약 9억 마리, 고양이가 약 6억 마리 있다. 이렇게 많은 동물이 먹을 걸 필요로 한다. 게다가 더 부유해진 신흥국가 사람들이 애완동물을 키울 여유가 생기면서, 그 수가 빠르게 증가하고 있다.

우리가 애완동물들에게 먹이는 전형적인 사료는 식물성 탄수화물과 간, 신장, 비장 등 육류 산업의 부산물을 섞어 만든 것으로, 영양가는 높지만 사람들 사이에 수요는 많지 않다. 이런 사료는 탄소발자국이 상대적으로 작다. 쓰레기 매립지에 버려질 부산물들을 사용하기 때문이다.

하지만 선호도가 높은 일부 고급 사료는 닭가슴살이나 돼지 등심처럼 인간이 먹는 수준의 재료를 사용한다. 이러한 육류 사용은 환경에 더 큰 영향을 끼친다. 더 많은 가축을 길러야 하기 때문이다. 그 가축을 위해 더 많은 땅과 물, 사료를 추가로 써야 한다.

건강하게 즐길 수 있는 친환경적인 애완동물 식단을 위해
우리가 할 수 있는 일

닭고기나 생선, 식물 단백질을 함유한 제품을 고르자. 소고기가 풍부한 애완동물 사료는 환경발자국이 크다. 엄밀히 말하면 고양이는 육식 동물이지만, 개는 잡식 동물이며 식물 단백질이 들어 있는 식단도 잘 먹을 수 있다.

유기농과 non-GMO* 성분의 사료를 고르자.

* 유전자조작 농산물을 사용하지 않은 식재료 - 옮긴이

우리 식사에서 남은 음식을 주는 것도 좋다.

더불어 서구 국가의 애완동물 중에 비만이 많다는 사실도 명심하자. 미국에 사는 고양이와 개 약 1억 3천 5백만 마리 중 절반 이상이 과체중이거나 비만이다. 그것은 우리 애완동물과 지구 모두가 건강하지 않다는 뜻이다.

유기농 식품 = 배출량 감소

엄청난 양의 비료와 제초제,
살충제를 사용하는 산업용 농장이
환경을 해친다는 사실은 의심할
여지가 없다. 하지만 유기농 농법을
이용하는 농부들은 농약을 쓰지
않아서 토양 미생물과 꽃가루
매개자를 보호한다. 소규모로
운영하는 유기농 농부들에게
제품을 사면 탄소발자국을 줄일
수 있다. 지속 가능한 방법으로
재배되는 농작물은 대기에서
이산화탄소를 끌어내어 토양에
저장시키기 때문이다. 게다가
농장에서 질소비료를 사용하면,
토양은 주요 온실가스인
아산화질소를 대량으로 방출한다.

GMO와 제초제

유전자변형 생물을 뜻하는
GMO(Genetically Modified Organism)
는 유기농 식품이 아니다. 생명공학
기업들은 옥수수나 콩과 같은 작물이
제초제에 내성을 갖도록 DNA를
변형시킨다. 그래서 제초제를 뿌리면
잡초만 죽고 작물은 죽지 않는
것이다. 세계에서 가장 많이 팔리는
글리포세이트처럼 강력한 제초제는
인간 및 많은 생물에 해를 끼친다.
세계보건기구에서는 관련 연구
수백 건을 검토한 끝에 제초제가
'인간에게 암을 유발할 수 있다'
라는 결론을 내렸다. 글리포세이트의
주요 생산업체인 바이엘(Bayer)은
이 잡초 제거제로 암이 생겼다는
사람들의 소송 수만 건을
해결하기 위해 수십억 달러를
지급하기로 합의했다.

재생농업

탄소발자국을 줄이는 관점에서 보면, 유기농 식품이 다 좋은 것만은 아니다.
소규모 유기농 농장은 탄소발자국이 작은 편이지만, 대형 농장은 단일 재배와
경작에 의존하는 경우가 많다. 단일 재배와 경작은 모두 토양의 영양분을
고갈시키고 토양에 저장된 탄소를 대기로 방출하며 화석연료 농기계를
사용한다. 대형 소매상을 통해 판매되는 유기농 식품은 수백 킬로미터를
여행해 오는 경우가 많으며, 결국 쓰레기가 되는 플라스틱 용기에 포장된다.

환경을 보호하면서 탄소 배출도 더 줄이고 싶다면,
재생농업 방식을 사용하는 생산자에게 식료품을
구매하면 된다. 재생농업을 하는 농부들은
토양을 건강하게 만들고, 동물 복지를 생각하며,
근로자들이 공평하게 대우받을 수 있도록
노력하는 등 전반적인 농업 환경 개선을 위해
노력한다. 그들의 실천 방법은 아래와 같다.

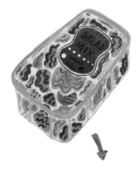

생각만큼 지속
가능하지 않아요!

**농약과 GMO를
사용하지 않는다.**

**토양을 비옥하게 만드는 피복
작물을 심는다.** 클로버와 겨자,
알팔파, 호밀, 메밀, 동부 콩,
무 등 이러한 작물들은 토양의
영양을 높이고 침식을 줄이기
위해 생육기에 심는다.

가능한 한 논밭을 갈지 않는다. 미생물을 죽이고 탄소를
방출하는 경작법 대신, 휴식을 잘 취한 토양에 작물을
직접 심는다.

돌려짓기를 한다. 돌려짓기로 한 해에 걸쳐 농작물을 재배하면 건강한 토양을 유지할 수 있다. 가령 곡류를 먼저 재배한 후 콩류를 키우는 식인데, 이 방식은 토양 박테리아의 공생관계를 이용한 것이다. 미생물들은 공기 중에서 추출한 질소를 토양에 주입하여 비옥하게 만들고 비료가 필요 없게 만든다.

농장 근로자의 권리를 보호한다.
공정한 급여와 혜택을 주고, 야근을 강요하지 않으며, 노조를 허용한다.

동물 복지를 생각한다.
재생농업에서는 농장 동물들을 인도적으로 취급한다. 풀어서 키우거나 유기적인 방법으로 사육하며, 불편함이나 두려움, 스트레스로부터 자유로운 환경에서 동물을 기른다. 오랜 시간 동안 야외에 두기도 한다.

재생농업의 식품을 식별하는 게 어려울 수 있지만, 유기농법으로 소규모 농사를 짓는 농부들은 이런 원칙을 따르는 경우가 많다. 가장 좋은 방법은 지역 농부들과 직접 거래하며 그들을 알아가는 것이다.

토양의 놀라운 점은 치유될 수 있다는 것이다. 재생농업은 완전히 죽었던 토양을 다시 미생물이 가득하고 색이 짙은 비옥한 토양으로 바꾸어 탄소를 가둘 수 있게 해준다.

세 자매

옥수수와 콩, 호박은 수 세기 동안 아메리카 원주민 공동체의 주요 작물이었다. 이 작물들은 서로 성장을 돕기 때문에 세 자매라고 불린다. 옥수수는 콩이 오를 수 있는 높은 줄기를 제공하고, 콩은 공기에서 질소를 모아 흙을 비옥하게 하여 큰 옥수수를 떠받치도록 도와주며, 큰 호박잎은 잡초에 비치는 햇빛을 가리고 흙의 수분을 유지시킨다. 이 농작물들은 풍부한 영양분이 담긴 건강한 식단을 제공한다. 옥수수는 탄수화물, 콩은 단백질과 아미노산, 호박은 비타민과 미네랄이 풍부하다.

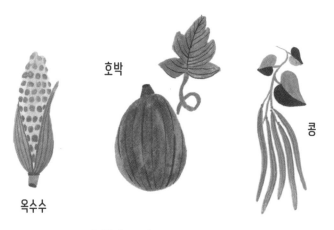

호박

콩

옥수수

이 작물들을 처음으로 세 자매라고
부른 부족은 이로쿼이(Iroquois)로도
불리는 하우데노사우니(HaudenoSaunee)
족으로, 세 자매를 같은 흙더미에
함께 심으라고 조언한다.

　지금 우리가 할 수 있는 일

도시 농장

식량 시스템을 변화시키는 데 도시가 중요한 역할을 할 수 있다. 도시 주민들은 식료품 대부분이 생산되는 시골 지역과 동떨어져 있었다. 하지만 도시나 그 주변 지역에서 농사를 짓는다면, 사람들과 식품 사이가 다시 연결될 수 있을 것이다. 게다가 2050년까지 도시 주민들이 전체 식료품의 80퍼센트를 소비하게 될 것이므로 도시 농업을 진행하는 것이 타당하다.

도시 농장은 제품을 장거리로 운송할 필요가 없으므로 더욱 친환경적인 편이다. 농장에서 제품을 수확하고 몇 시간 만에 고객에게 도착하기 때문에, 운송에 쓰이는 연료와 포장, 식품 폐기물이 더 적다는 의미다.

도시 농업은 땅을 식물로 덮고, 대기 중 이산화탄소를 제거하고, 벌과 다른 꽃가루 매개자들에게 서식지를 제공하여 환경 문제를 개선할 수 있다. 게다가 아스팔트와 콘크리트에 갇힌 열로 인근 농촌보다 도시가 뜨거워지는 열섬효과를 완화시켜 도시 지역을 시원하게 만들 수 있다.

혁신은 도시 농업의 원동력이다. 공간과 물이 제한적이기 때문에, 도시 농장은 최첨단 기술을 채택하여 효율성을 높일 수밖에 없다. 인공 지능, 식물재배용 LED 조명, 로봇 공학, 자동 관개 시스템과 같은 기술을 주로 사용하여 생산을 최적화한다. 도시 농장은 다른 사업과의 협력을 통해 배출되는 폐기물량을 근본적으로 줄일 수 있으며, 도시에 넘쳐나는 음식쓰레기로 농작물에 필요한 유기 비료를 제공할 수도 있다. 가령 네덜란드 로테르담에 있는 로테슈밤* 에서는 느타리버섯을 재배하기 위해 커피 찌꺼기를 사용한다.

도시 농장만으로는 식량 시스템을 변화시킬 수 없지만, 긍정적인 변화를 촉진할 수는 있다. 그 변화는 이미 시작되었다. 도시 농업은 뉴욕에서 몬트리올까지, 프랑스에서 상하이까지 확대되고 있으며, 수백만 명의 사람들에게 더 환경친화적인 먹거리를 제공하고 있다.

* RotterZwam, '누군가의 쓰레기가 다른 누군가의 자원이 되는' 순환 경제 시스템을 추구하는
  네덜란드의 버섯 재배 소셜벤처 – 옮긴이

식단의 탄소 배출을 더욱 줄이기 위해
우리가 할 수 있는 일

현지 식품을 구매하자. 현지 식품은 더 신선하고 맛있으며, 멀리서 생산된 제품일수록 운송 과정에서 더 많은 탄소가 사용된다. 북미나 유럽에서 살고 있다면, 아보카도와 바나나, 커피, 코코아는 수천 킬로미터 떨어진 곳에서 생산된 제품을 사게 되는 것이다. 열대 과일(파인애플과 망고 포함)과 아스파라거스, 녹두, 베리류처럼 쉽게 부패하는 품목은 항공편으로 수송되기도 한다.

슈퍼마켓에서 식품을 사지 말자. 육류 독점 유통회사나 산업형 농장은 슈퍼마켓을 이용해 제품을 판매한다. 대형 식료품점에서 판매되는 가공식품 대부분에 착색제와 방부제 등 합성 식품 첨가물이 들어 있는데, 그중에는 화석연료에서 만들어진 것도 있다.

CSA에 가입하자. 지역공동체 지원농업(Community-Supported Agriculture, CSA)은 소비자가 농장 수확량의 일부를 구매하여 농부에게서 직접 정기적으로 납품받는 제도다. CSA 농부들은 종종 소비자를 농장에 초대하여 식료품이 어떻게 생산되는지 보여주기도 하므로, 자신의 먹거리를 재배하는 농장에 대해 알고 싶은 사람에겐 매우 좋은 선택이다.

제철에 사자. 현지 제철 작물은 가장 무르익었을 때 수확하므로 맛이 더 좋다. 게다가 장거리 운반이 필요 없고, 저장에 드는 에너지도 적어서 탄소발자국이 더욱 작다. 제철 농산물이 아닌 제품은 익기 전에 수확하기 때문에 별로 맛이 없다.

뉴욕
여름

캘리포니아
겨울

신선식품을 먹자. 냉동식품은 보통 에너지가 쓰이는 냉장고에 보관되므로 신선식품보다 탄소발자국이 더 크다. 냉동식품을 절대로 먹으면 안 된다는 말은 아니지만, 가능하면 신선한 식품을 선택하는 편이 좋다.

집에서 요리하자. 당근 수프든, 선데이 로스트*든, 배달 음식을 시키는 대신 직접 요리를 하면, 지속 가능한 제품을 재료로 선택할 수 있어서 좋다. 집에서 음식을 만들면 대규모 식품 제조 및 포장과 관련된 탄소 배출을 줄일 수 있을 것이다.

* 일요일에 주로 먹는 영국식 전통 요리 – 옮긴이

직접 재배하자. 새싹이나 마이크로그린(비트, 무, 케일, 근대, 바질 등), 파, 상추, 청양고추는 실내에서 키우기가 좋다. 충분한 햇빛이 드는 정원이나 베란다가 있다면 토마토와 가지, 고추를 재배하기 쉽다. 당근과 감자도 재배하기 좋은 겨울 작물이다. 선택지는 무한하다.

음식과 관련된 탄소 배출은 대부분 농업에서 발생하지만, 운송과 가공, 포장, 소매 과정에서도 탄소가 추가로 배출된다는 점을 명심하자.

롭 그린필드
(Rob Greenfield)
모험가, 환경운동가, 인도주의자, 그리고 '변화를 만드는 사람'*

예전에 나는 소비주의 생활방식으로 살았다. 하지만 25살이 되던 2011년, 내가 하는 일들 대부분이 지구를 파괴하고 있다는 사실을 깨닫기 시작했다. 내가 먹는 음식, 운전하는 차, 차에 들이붓는 가스, 사용하는 물건, 버리는 쓰레기가 모두 지구 파괴를 초래하고 있었다. 그때부터 나는 삶의 방식을 완전히 바꾸기로 다짐했다.

그 후 10년 동안, 수백 가지의 작은 변화에 적응하며 살았다. 그 변화 하나하나는 나 자신에게도, 우리 행성에도 좋은 일이었으며, 내게 더 많은 변화를 일으키도록 영감을 주었다. 그리고 나는 사람들이 반성하고, 비판적으로 생각하고, 질문하도록 만들기 위해 극단적인 시도를 감행했다.

미국에서 얼마나 많은 음식이 낭비되는지 보여주기 위해 약 2,000개의 쓰레기통에 뛰어들고, 약 4.6제곱미터짜리 좁은 집에서 살며, 빗물을 마시면서 작은 태양열 장치로 생산한 전기만 사용했다. 그리고 한 달 동안 내가 만든 쓰레기를 몸에 묶은 채 뉴욕 시내를 걸어 다니며 '쓰레기맨'이 되기도 했다. 우리가 먹는 음식이 지구를 파괴하고 있다는 사실을 깨달은 나는 1년간 내가 먹을 먹거리를 모두 직접 재배하고 자급자족함으로써 산업적인 식량 시스템에서 벗어날 수 있는지를 확인해보고 싶었다.

나는 플로리다의 올랜도로 이사한 후, 그곳에서 이웃 사람들을 만나 그들의 잔디밭을 텃밭으로 바꾸었다. 그 안에서 고구마와 유카, 당근, 콩, 후추 등 채소 식품을 100가지 이상 재배했다. 자연 속에서 채소와 과일 200여 종을 수확했으며, 직접 벌을 기르고, 바닷물에서 소금을 모았다. 그래서 결국, 내 인생에서 가장 건강한 음식을 먹게 되었다.

*Dude Making a Difference, 롭 그린필드의 저서 제목이기도 함 – 옮긴이

"우리는 인간과 지구 모두에 도움이 되는 생활을 직접 설계할 수 있으며,
정신적, 육체적인 삶의 질도 함께 높일 수 있습니다."

음식 낭비를 줄이기 위해
우리가 할 수 있는 일

식품 라벨을 확인하자.
'유통기한'이 지난 지
얼마 안 된 제품은 먹어도
안전하다.

충동적인 소비를 피하자.
일주일 치 식단을 짠 후에
식료품점에 가자. 그래야
필요한 것만 살 수 있다.

조금만 준비하자.
식당에서 주문할 때나
모임을 위해 음식을
준비할 땐 적은 양만
차리자.

과일과 채소는 못생긴 것을 고르자.
모양이 예쁘지 않아 식탁 위에 오르지 못하는
과일과 채소가 전체 양의 3분의 1이나 되지만,
그 맛은 인스타그램에 나올 만큼 맛있다. 완벽한
대체식품이다!*

* 모든 것에 아름다움이 있지만, 모든 이에게 보이진 않는다.
  – 공자

남은 음식을 아끼자.
저녁 음식이 남으면 다음 날
점심으로 먹을 수 있다.
나중을 위해 얼려서 보관하자.

먼저 들인 음식을 먼저 먹자.
냉장고와 식품 저장고를 살펴보고
유통기간이 다 된 제품을 전면에
배치해서 먼저 먹자.

나눠 먹자. 저녁 식사 모임을
열었을 때, 남은 음식은
손님들에게 나눠주자.
또한 푸드뱅크나 대피소,
무료급식소에 여분의 음식을
기부할 수도 있다.

식품을 보존시키자. 당근이나 양파, 달걀, 청어,
올리브 등 온갖 종류의 식품을 소금이나 식초에
담그고 절여서 보존할 수 있다. 과일을 잼이나
마멀레이드, 젤리로 만드는 것도 좋은 방법이다.
치즈나 참치와 같은 식품도 올리브기름에 담가서
며칠, 또는 몇 주 동안이나 보존시킬 수도 있다.

음식쓰레기의 퇴비화

한 가정이 배출하는 총 쓰레기의 3분의 1을 차지하는 음식쓰레기는 매립지에 버려지면서 메테인을 방출한다. 하지만 우리가 이 쓰레기를 퇴비로 만들면, 박테리아와 원생동물, 곰팡이에게 먹이를 주게 된다. 그리고 결국 그 미생물로 인해 쓰레기가 비료로 변한다. 퇴비는 토양을 비옥하게 만들어, 대기로부터 더 많은 탄소를 가져오게 해준다.

음식쓰레기를 퇴비로 만들기 전에, 고무줄과 빵끈, 스티커 등 모든 플라스틱 쓰레기를 걸러내자.

음식쓰레기를 지역 퇴비함에 버리자. 어떤 지역에서는 지정된 곳에 퇴비함을 비치했으며, 일부 식품협동조합과 농산물 시장에도 퇴비함이 있다. 만일 여러분이 사는 동네에서 퇴비화 프로그램을 시행하고 있다면, 폐기물 회사의 지침을 반드시 따르자.

음식쓰레기는 모두 퇴비로 만들 수 있지만, 고기나 생선, 유제품은 냄새가 심하고 다른 동물을 유인할 수 있으므로 피하는 것이 좋다.

집에서도 퇴비를 만들 수 있다.

퇴비를 만들기 위해 벌레를 사용할 수도 있다. 지렁이는 수천 종이나 있지만, 음식
찌꺼기를 먹는 것은 7개 종뿐이다. 일반적으로, 버미콤포스팅*에는 붉은 지렁이라고도
불리는 줄지렁이를 사용한다. 이 지렁이들은 매일 몸무게의 약 25퍼센트를 먹는다.
따라서 만약 우리가 약 500그램의 지렁이로 퇴비를 만든다면 매일 음식 찌꺼기를 약
100그램 이상 줘야 한다. 단, 지렁이들은 마늘이나 양파, 감귤류는 좋아하지 않는다.

* vermicomposting, 지렁이를 이용해 음식을 퇴비로 만드는 작업 − 옮긴이

만일 뒷마당이 있다면, 직접 퇴비함을 만들 수도 있다.

가장 좋은 비율은 녹색 재료(음식쓰레기, 커피 찌꺼기, 티백 등)를 3분의 1, 갈색 재료(잎, 잘게 자른 신문지, 나뭇가지, 나무 부스러기, 톱밥 등)를 3분의 2로 혼합하는 것이다.

음식쓰레기를 더 잘게 자르면 퇴비 과정이 더 빨라질 것이다.

적어도 일주일에 한 번은 쓰레기를 분해하는 미생물이 숨 쉴 수 있도록 쓰레기를 뒤섞거나 환기해줘야 한다.

수분 함량은 50에서 60퍼센트
사이여야 한다. 수분은 대부분
음식쓰레기 자체에서 나오겠지만,
물을 더 넣어야 할 수도 있다.

퇴비함의 내부온도는 처음 며칠간은
섭씨 10도에서 43도 사이여야 하며,
이후 몇 주 동안 섭씨 54도에서 71도
까지 올라갔다가, 다시 10도에서 38도
사이로 돌아와야 한다.

8주에서 12주 후, 퇴비는 더
꺼메지고 부스러질 것이다. 이
상태는 사용할 준비가 되었음을
뜻한다. 그럼 우리는 식물이
튼튼하고 건강하게 자랄 수 있도록
이 퇴비를 정원의 흙과 섞으면
된다. 이러한 퇴비화 작업은
식물을 더 건강하게 만들어
더 많은 탄소를 흡수시키므로
기후에도 좋다.

친환경적으로 바비큐를 즐기기 위해
우리가 할 수 있는 일

그릴을 잘 고르자. 숯불 그릴은 보통 가스 그릴보다 온실가스를 세 배 더 많이 발생시킨다. 전기 그릴도 좋은 선택이다. 하지만 전력을 생산하기 위해 화석연료, 특히 석탄을 주로 사용한다는 점을 생각하면, 가스 그릴이 가장 현명한 선택이다.

미리 계획을 세워 충동구매를 피하자. 그러면 음식 낭비를 줄일 수 있다.

일회용 제품 사용을 피하자. 재사용 가능한 접시와 칼, 그리고 식기를 사용하자.

고기를 적게 먹자. 다진 고기에
채소와 버섯을 섞어 더 친환경적인
버거 스테이크를 만들자.

**소고기보다 유기농 칠면조나
닭고기를 고르자.**

채소로 만든 패티로 먹어보자.
소고기 패티보다 온실가스 배출량을
줄이고 물과 땅을 아낄 수 있다.

채소를 많이 굽자. 고추, 양파,
가지를 구워 새콤달콤한 소스에 찍어
먹으면 아주 맛있다.

넷

친환경 교통

자동차, 버스, 기차, 비행기, 오토바이, 보트 등 교통수단은 대부분 석유로 움직이는데, 석유는 우리가 숨 쉬는 공기를 더럽히는 탄소 배출과 치명적인 대기오염을 유발한다. 그중 가장 큰 주범인 자동차 문제는 점점 더 심각해지고 있다. 사람들이 더 크고 힘이 강한 차, 즉 대기에 더 많은 이산화탄소를 내뿜는 자동차를 원하기 때문이다. 그러나 운송수단에도 환경친화적인 방법은 있다. 대중교통을 늘리는 도시가 많아지고 있으며, 걷기와 자전거 타기는 배기가스를 배출하지 않고 우리와 환경을 직접 연결해준다. 전기 자동차와 전기 스쿠터도 빠르게 대세가 되어가고 있는 수단이다.

전동식 운송수단 = 온실가스

전 세계적으로 총 온실가스 배출량의 약 15퍼센트를 교통 부문이 차지하고 있다.

가스 배출원은 다음과 같다.

- **도로 교통.** 자동차, 트럭, 화물차, 오토바이, 버스 등이 있다. 승용차만 해도 전 세계에서 생산되는 석유 4분의 1 정도를 소비한다.

- **항공.** 항공 부문에서의 온실가스 대부분은 여객기에서 나오지만, 화물기에서도 가스가 배출된다.

- **해운.** 전 세계로 상품을 배송하는 여객선과 화물선도 온실가스를 배출한다.

- **철도.** 여객열차와 화물열차는 탄소 배출량을 증가시킨다.

- **파이프라인.** 화석연료는 주로 파이프라인을 통해 수송된다. 이 작업에는 에너지가 필요하므로 온실가스가 배출된다.

지금 우리가 할 수 있는 일

산업별 운송 배출량

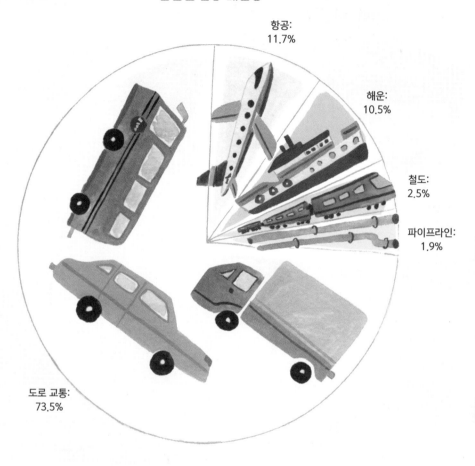

항공:
11.7%

해운:
10.5%

철도:
2.5%

파이프라인:
1.9%

도로 교통:
73.5%

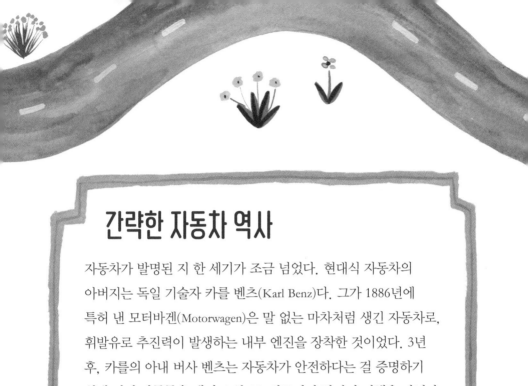

간략한 자동차 역사

자동차가 발명된 지 한 세기가 조금 넘었다. 현대식 자동차의 아버지는 독일 기술자 카를 벤츠(Karl Benz)다. 그가 1886년에 특허 낸 모터바겐(Motorwagen)은 말 없는 마차처럼 생긴 자동차로, 휘발유로 추진력이 발생하는 내부 엔진을 장착한 것이었다. 3년 후, 카를의 아내 버사 벤츠는 자동차가 안전하다는 걸 증명하기 위해 어린 아들들을 데리고 약 100킬로미터 장거리 여행을 다녔다. 그 최초의 자동차 여행은 많은 주목을 받았으며, 모터바겐에 대한 엄청난 관심을 불러일으켰다.

그 열기에도 불구하고, 모터바겐은 비싸고 안정적이지 않다는 이유로 주류가 되지 못한 소수의 초기 자동차 중 첫 번째 차가 되었다. 이후 1908년, 포드 자동차 회사에서 출시한 모델 T는 튼튼하고 싼값으로 미국에서 말과 마차를 빠르게 대체하며 사상 최초로 대량 생산되었다. 독일, 멕시코, 일본 등 여러 나라에서 최초로 조립 생산된 자동차이기도 하다. 포드는 1927년까지 이 모델 T를 1,500만 대 생산했다.

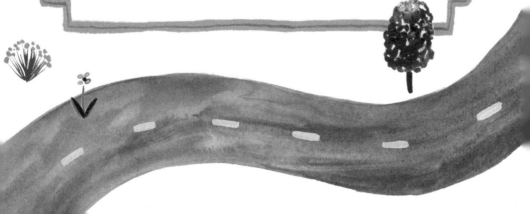

모델 T 이후, 자동차는 빠르게 전 세계를 주름잡았다. 다른 수백 개 모델이 출시되었고, 그중 수백만 대가 팔린 모델도 있었다.

 폭스바겐 비틀 (1938~2019), 2,400만 대. 비틀은 대중용 자동차를 만들고 싶었던 아돌프 히틀러가 주문한 것이었다. 어두운 탄생 비화에도 불구하고 1960년대 히피들의 자동차가 된 비틀은 멕시코와 브라질, 남아프리카처럼 멀리 떨어진 시장에서 큰 인기를 끌었다.

 도요타 코롤라 (1966~현재), 4,400만 대. 코롤라는 부가 기능이 좀 부족하긴 하지만 실용성과 안정성, 적당한 가격으로 가장 많이 팔린 자동차가 되었다. 수년간 판매된 도요타 코롤라를 나란히 줄지어 놓으면 전 세계를 다섯 바퀴는 돌 만큼 긴 줄이 될 것이다.

 라다 클래식 (1970~2015), 1,900만 대. 러시아 제조사
아브토바즈에서 처음 제작된 라다 클래식은 검소한 인테리어와
신뢰성으로 유명했다. 출시하자마자 인기를 끄는 바람에 러시아의
소비자들은 이 차를 얻기까지 오랜 시간 기다려야 했다. 낮은
가격과 내구성으로 캐나다와 영국, 뉴질랜드 등 수많은 해외
시장에서 인기를 얻었다.

포드 F-150 (1948~현재), 4,000만 대. 20세기
후반 미국에서 가장 큰 인기를 끈 포드 F-150
으로 인해, 미국 도로 위의 대세가 픽업트럭과
스포츠유틸리티차량(SUV)으로 전환되었다.

오늘날, 전 세계에는 최소 15억 대의 자동차가 있으며, 그 자동차들을 위한
도로망은 약 4천만 킬로미터나 된다. 지구에서 달까지 거리의 약 100배나
되는 길이다!

SUV의 문제점

전 세계 탄소 배출량이 계속 증가하고 있는 이유는 전력 생산을 위한
화석연료 사용 때문이기도 하지만, 더 많은 SUV가 판매되고 있어서이기도
하다. SUV는 다른 차보다 더욱 무겁고, 더 강력한 엔진을 장착하며, 기체역학
상으로도 더 취약해서 중형 세단보다 25퍼센트 더 많은 연료를 사용한다.

현재 전 세계에 있는 SUV는 약 2억 대로, 2010년의 3천 5백만 대에서 훨씬
증가했다.

SUV 붐이 전 세계에서 일어나고 있지만, 그 선두주자는 미국이다. 그간
연비 높은 작은 자동차들이 주를 이루던 미국 도로에 변화가 생긴 것이다.
오늘날 미국에서 판매되는 자동차 10대 중 7대는 SUV, 픽업트럭, 밴 등 '대형'
자동차들이다. 미국의 교통 시스템이 프랑스와 영국 국가 전체를 합친 것보다
더 많은 온실가스를 배출하는 주된 이유가 바로 이것이다.

SUV는 왜 세계를 정복했을까? 두 가지 이유가 있다. 하나는 자동차
제조사들이 더 큰 차를 팔아 돈을 벌기 위해 더 많은 SUV를 출시하기
때문이며, 다른 하나는 자동차를 궁극적인 지위의 상징으로 보고
더 크고 강력한 차를 원하는 소비자가 많아졌기 때문이다.

미국 승용차의 평균 출력은 200마력, 무게는 1.6톤으로, 유럽연합의
평균 차량 출력인 125마력, 1.4톤 무게와 비교된다.

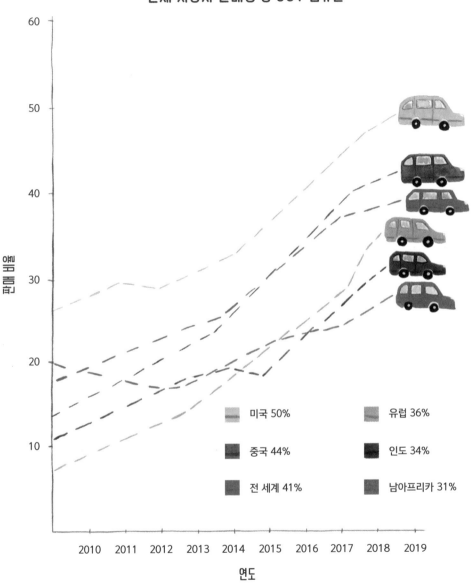

전체 자동차 판매량 중 SUV 점유율[＊]

미국 50%　　유럽 36%

중국 44%　　인도 34%

전 세계 41%　　남아프리카 31%

＊ 신차 판매량 기준

스모그

이산화탄소는 자동차 문제의 일부일 뿐이다. 화석연료를 쓰는 자동차, 트럭, 오토바이는 아래와 같은 유독가스와 입자를 배출한다.

이러한 가스와 입자들은 땅 가까운 곳에 머물면서 인간에게 유독한 갈색 안개인 스모그를 형성하여 대도시의 공기를 오염시킨다. 스모그(smog)라는 용어는 런던의 연기(smoke)와 안개(fog)의 합성을 설명하기 위해 20세기 초에 처음 사용되었다.

스모그는 매년 뇌졸중과 심장병, 폐암, 호흡기 질환으로 수백만 명을 사망에 이르게 한다. 그 입자 중 일부가 햇빛과 반응하면 가슴 통증, 기침, 목 염증 등 광범위한 건강 문제를 일으킬 수 있는 오존 가스를 생성한다. 새로운 연구에 따르면 대기오염은 특히 어린이와 노인의 인지 기능을 손상시킨다고 한다.

걷기와 자전거 타기

가장 간단한 방법이 최고의 해결책이 되곤 한다. 도로 주행 전체 중 절반이 5킬로미터도 안 된다. 즉, 차로 다녔던 길을 걷거나 자전거를 타고 다녀도 충분하다는 뜻이다!

대중교통

버스, 기차, 지하철, 노면전차*, 트롤리**, 트램, 모노레일, 케이블카,
페리 등 대중교통은 그 종류와 형태가 다양하다. 교통수단의
탄소발자국을 줄이려는 관점에서 보면, 함께 쓰는 것이 좋은 것이다.
버스 한 대에 승객을 꽉 채우면 승용차 40대를 줄일 수 있고, 지하철이나
기차를 꽉 채우면 사람들 수백 명이 한 번에 이동할 수 있다.

하지만 모두가 대중교통을 이용할 수 있는 것은 아니다. 유럽에서는
평균 80퍼센트 인구가 지하철과 열차, 버스를 쉽게 이용할 수 있다.
파리와 마드리드, 런던에서 최근 몇 년 동안 지하철과 철도 시스템이
크게 확장되는 등 유럽 정부가 대중교통 시스템에 많은 투자를
하고 있기 때문이다. 하지만 미국은 2010년에서 2019년까지 건설된
지하철과 고가 열차 철도의 길이가 단 42킬로미터 정도뿐이다.
그 때문에 대중교통을 이용하는 미국인은 55퍼센트에 불과하다.

* streetcar, 도로 위에 부설된 레일 위를 주행하는 전차 – 옮긴이
** trolley, 전선으로 동력을 끌어 쓰는 전기식 버스 – 옮긴이

학교 가는 길

학교에 가는 가장 친환경적인 방법은 자전거 타기와 걷기,
스케이트보드와 롤러블레이드 타기다. 배기가스가 전혀 발생하지
않기 때문이다. 게다가 이렇게 활동적인 통학 수단은 아이와
학부모의 비만율을 감소시켜 건강에도 도움이 된다.

어린아이 3명까지 태울 수 있도록
설계된 전기 자전거가 인기를 끌고
있으며, 종류도 다양하다. 아이를
태우기 위해 앞이나 뒤에 앉을 곳이
있는 자전거도 있고, 좌석이 추가로
장착된 것도 있다.

학교에서 멀리 사는 아이들은
통학버스를 타는 것도 좋다. 통학버스는
승용차 수십 대를 대체할 수 있는
데다, 이산화탄소뿐 아니라 교통 관련
대기오염도 줄이고, 도로 위의 소음과
혼잡함도 덜 수 있다. 게다가 학생들이
승용차 대신 통학버스로 이동하면
학교까지 안전하게 도착할 가능성이
70배나 높아져 매년 수백 명의 생명을
구할 수 있다.

지금 우리가 할 수 있는 일

연비를 높이고 자동차 배기가스 배출량을 줄이기 위해
우리가 할 수 있는 일

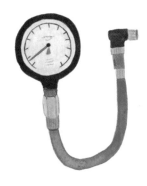

타이어 공기압이 충분한지 확인하자. 여행 가기 전이나 몇 달 주기로 압력을 체크하자.

불필요한 물건은 트렁크에 두지 말자. 자동차 무게가 늘어나면 연비가 떨어진다.

회전 저항이 낮은 타이어를 구매하자. 이런 타이어는 도로에서 구를 때 마찰이 적어서 차량 연비를 높인다.

차 상태를 확인하자. 자동차 제조사의 안내서를 확인하고 정비 시기가 언제인지 알아보자. 엔진 오일이나 에어필터, 점화플러그를 정기적으로 교체하기만 해도 연비를 높일 수 있다.

속도를 유지하자. 고속도로에 진입하면, 시속 80에서 100킬로미터 속도를 유지하려고 노력하자. 더 빠른 속도로 운전하면 자동차의 공기 저항력이 올라가 더 많은 연료를 소비하게 된다. 주행 제어 기능도 사용해보자. 연비를 높일 수 있다.

부드럽게 운전하자. 차량정체 상황에서의 과속이나 급속, 가속, 급제동은 주행거리를 최대 40퍼센트까지 감소시킨다.

공회전을 피하자. 주차장이나 어딘가에서 누군가를 기다릴 때, 혹은 차에서 짐을 내릴 때 반드시 엔진을 끄자. 미국에서 개인 차량 공회전을 없애면 차량 500만 대가 도로에서 사라지는 효과를 얻게 된다.

에어컨을 적절히 사용하자. 차량 속도도 적당하고 너무 덥지 않을 땐 에어컨 대신 창문만 열어도 충분할 것이다. 하지만 고속으로 운전할 때는 창문을 내리면 공기 저항력이 높아져 연료 소비량이 증가하므로 에어컨을 트는 것이 가장 효과적일 수 있다.

공유 모빌리티

최근 몇 년간 다양한 소형 전기 운송수단이 주요
도시의 도로와 인도에 자리를 잡았다. 전기 자전거나
전기 스쿠터, 전기 모페드*는 짧은 거리용으로 매우 좋으며
스마트폰으로 무척 저렴한 비용을 내고 빌려 탈 수 있다.
적은 요금으로 무제한 이용을 제공하는 회사도 있고, 미국 대중교통
시스템 중에는 교통카드에 자전거 공유 옵션까지 포함된 것도 있다.
게다가 사용자는 수리비나 유지 보수에 대해 걱정할 필요가 없다.

공유 모빌리티는 개인이 교통수단을 고를 때 자동차 말고도 다른 선택지가
생겼음을 의미한다. 관련 연구에 따르면, 쇼핑이나 심부름, 통근을 위해 이
배터리형 운송수단을 사용하는 사람들이 점점 더 많아지고 있다고 한다.
여기서 가장 중요한 것은, 이들이 자동차를 대체하고 있다는 점이다!

이 소형 전기 차량은 교통 부문의 가스 배출량을 줄이는 효과 외에도, 도시
소음과 혼잡함을 줄여주며, 만드는 데 필요한 자원도 적어서 자동차보다
환경발자국이 훨씬 작다. 하지만 이러한 차량에 동력을 공급하는 전기도
화석연료를 태워 생산하므로, 걷거나 일반 자전거를 타는 편이 언제나
환경에 더 좋다.

＊전기 자전거형 스쿠터 – 옮긴이

앱 다운로드

차량 찾기

헬멧 꼭 쓰기!

전기 자동차

전기차는 10년 전만 해도 괴짜들만을 위한 신기한 차였지만, 이제 상황이 달라졌다. 현재는 저렴한 실용차부터 초고속 컨버터블에 이르기까지 수십 가지 모델이 출시되었다. 이것은 환경에 좋은 소식이다. 왜냐하면 전기차에는 우리가 흡입하면 해로운 질소 산화물이나 휘발성 유기화합물 등 독성입자를 내뿜는 배기관이 없기 때문이다.

그러나 전기차는 이산화탄소를 간접적으로 배출할 수 있다. 주로 화석연료로 전기가 생산되기 때문이다. 재생에너지로 전기를 생산하는 아이슬란드나 브라질에서는 탄소발자국이 아주 작다. 하지만 대부분 화석연료를 태워 쓰는 폴란드나 중국에서는 전기차를 운행할 때마다 대기에 많은 양의 이산화탄소를 배출한다고 볼 수 있다. 그래도 대부분 국가가 재생에너지를 사용해 일부 전기를 생산하므로, 대체로 전기차는 전통적인 자동차보다 탄소발자국이 훨씬 작다.

전기차의 다양한 장점

⚡ 전기차를 더 싸게 만들기 위해 국가 및 지방 정부에서 세금 공제와 보조금을 제공한다.

⚡ 전기차 충전 요금이 휘발유보다 저렴하여 킬로미터당 주행 비용이 훨씬 싸다.

⚡ 게다가 배기 시스템이나 스타터 모터, 연료 분사 시스템 등 정비가 필요한 부품이 모터에 들어 있지 않아 유지 보수비가 덜 든다. 엔진 오일이나 변속기 오일처럼 교체할 것도 적고, 브레이크 시스템도 기존 자동차보다 전기차의 시스템이 더 오래간다.

⚡ 운전자들은 대부분 집에서 전기차를 충전할 수 있으므로 장거리 여행을 할 때 전기 충전소를 이용하기만 하면 된다. 전기차는 보통 한 번 충전으로 160킬로미터 이상 거리를 주행할 수 있으며, 약 500킬로미터 이상 주행이 가능한 전기차도 많다.

⚡ 배터리를 충전하는 데 시간이 꽤 걸릴 수 있다. 하지만 요즘에는 고속 충전이 가능한 전기차도 많으며, 80킬로미터 넘게 주행할 수 있는 전기를 20분 안에 충전할 수 있다.

⚡ 마드리드나 런던과 같은 도시에서는 대기오염을 줄이기 위해 도시 중심지에서 자동차 이용을 제한하고 있지만, 전기차는 이런 제한에서 면제된다.

⚡ 전기차는 조용해서 소음공해를 덜어준다.

효율 좋은 모터

전기차가 환경에 더 좋은 다른 이유는 훨씬 더 효율적이기 때문이다.

기존 자동차는 에너지의 약 70퍼센트가 엔진 마찰 및 열로 손실되어 에너지 낭비가 심하다. 게다가 물 펌프와 연료 펌프, 오일펌프 등 엔진 부품에도 동력이 쓰인다. 결과적으로 자동차의 연소 엔진으로 발생한 에너지의 약 **25퍼센트**만 바퀴까지 도달한다.

전기차는 사용 전력의 **75퍼센트**를 추력으로 변환하고, 나머지는 구동계의 다른 부분으로 이동하거나 배터리가 충전될 때 손실된다. 제동을 걸 때 에너지가 쓰이지만, 회생제동*을 사용하여 손실된 에너지 일부를 회수한다.

*자동차 바퀴가 구르는 힘으로 발전기인 전기모터를 돌려 배터리를 충전하는 방식 – 옮긴이

작게 만들자

미래 전기자동차의 탄소발자국을 줄이려면, 작게 만들어야 한다. 전기차를 구동하는 충전식 배터리는 주로 코발트, 리튬, 니켈, 망간 등 다양한 금속 및 광물뿐 아니라 아주 먼 곳에서 발굴, 가공, 운반되는 희토류 원소로 만들기 때문에, 전기차는 연소 엔진 자동차보다 더 탄소 집약적으로 생산된다. 게다가 배터리 생산에는 엄청난 양의 에너지가 쓰인다. 크기가 큰 전기차는 배터리도 더 크고 강철과 알루미늄, 플라스틱도 더 많이 사용된다. 이런 사실을 통해 우리는 전기차 생산의 환경발자국이 비교적 크며, 차가 클수록 그 발자국도 더 커진다는 것을 알 수 있다.

소위 전기 슈퍼트럭이라고 불리는 전기차들은 무게가 약 4톤으로, 4인승 소형 승용차보다 6배나 더 무겁다!

차량 공유 서비스

휘발유차보다 전기차를 사는 것이 더 환경친화적인 선택이지만, 차를 아예 사지 않는 게 훨씬 낫다. 그 이유는 간단하다. 도로에 차가 적어야 더 많은 공간의 오염을 줄일 수 있기 때문이다.

그리고 차를 탈 때는 혼자보다 여럿이서 자동차를 공유하는 편이 대기 가스 배출량을 줄일 수 있다는 점을 기억하자. 차를 나눠 쓰는 일은 어렵지 않다. 다음과 같은 방법들이 있다.

승차 호출 서비스. 리프트나 우버는 서비스용 차가 승객 없이 주행하는 것을 의미하는 데드헤딩(deadheading)으로 인해 가스 배출량을 더욱 높인다. 그래서 리프트와 우버는 각각 2030년과 2040년까지 그들의 플랫폼에 있는 차량을 모두 전기화할 것이라 말했다. 하지만 그때까지 배기가스를 제한하는 가장 좋은 방법은 승차 호출 서비스를 이용해 다른 승객들과 차량을 공유하는 것이다.

카풀. 카풀은 보통 연료를 절약하기 위해 동료나 학생이 함께 차를 이용하는 것을 말한다. 운전자와 탑승자를 연결해주는 앱으로는 현재 22개국에서 영업 중인 프랑스 서비스앱 블라블라카 (BlaBlaCar), 같은 방향으로 이동하는 승객들이 함께 차를 탈 수 있는 앱 비아(Via) 등이 있다.*

＊한국에는 카풀 앱으로 카카오T 카풀, 위프, 태워줘 등이 있음 - 옮긴이

차량 공유. 차량 공유 서비스는 일반적으로 특정
회사가 소유한 자동차를 빌려 킬로미터, 분이나
시간당 요금을 지불하는 서비스를 말한다. 인기가
가장 많은 차량 공유 회사는 카투고(Car2go)와 집카
(Zipcar)로, 카투고는 파리와 몬트리올, 마드리드 등
여러 도시에 전기차를 도입했고, 집카는 런던에서
전기차를 제공하고 있다.*

* 한국에는 차량 공유 회사로 쏘카, 그린카 등이 있음 - 옮긴이

개인 간 거래 중개 서비스(P2P).
자동차 소유주는 겟어라운드*와 같은
P2P 온라인 플랫폼으로 다른 사람들에게
차량을 임대하여 돈을 얼마 벌 수 있다.
이러한 플랫폼 중에는 렌터카 업체가
스마트폰으로 차를 열게 해주는
기술을 사용하는 곳도 있다.

* Getaround, 미국의 차량공유서비스 앱으로
  한국에는 이와 유사한 방식의 서비스를 제공하는
  타운카가 있음 - 옮긴이

온라인 쇼핑으로 인한 탄소 배출을 줄이기 위해
우리가 할 수 있는 일

대량으로 구매하자. 소량 주문을 여러 번 하기보단 대량 주문을 한 번 하는 편이 도로 위 이산화탄소를 배출하는 트럭 수를 더 줄일 수 있다.

빠른 배송은 피하자. 소비자가 빠른 배송을 선택하면 배달업체들은 도로 주행을 더 많이 해야 한다.

신중하게 사자. 반품이 많으면 차량 이동도 많아진다.

사물함에서 물건을 찾자. 온라인 소매업체 중에는 소비자와 가까운 장소로 물건을 배달해주는 곳도 있는데, 이 방법은 도로를 주행하는 트럭 수를 줄여준다.

배기가스 제로 배송을 찾아보자. 몇 개 없긴 하지만 자전거로 식료품을 배달하는 업체도 있다.

플라스틱 대신 종이 포장된 제품을 사고, 포장재를 재활용하자. 재사용 가능한 용기에 음식을 담아 배달하는 식당도 있고, 포장할 때 플라스틱을 쓰지 않는 판매자도 있다.

온라인 쇼핑의 탄소발자국

불과 몇 년 만에, 온라인 쇼핑이 세계를 점령했다. 식료품에서 전자제품, 가구, 장난감, 옷에 이르기까지, 사람들은 쇼핑을 위해 점점 더 인터넷에 의존하고 있다. 그러나 온라인 주문으로 인해 도로 위에는 배달 트럭이 더 많아졌다. 세계 100대 도시 안에서 달리는 트럭의 수가 2019년에 530만 대였으며, 2030년에는 720만 대로 증가할 것으로 보고 있다. 이는 높은 교통량으로 기후가 악화되고, 소음과 오염도 더 심각해질 것을 의미한다.

만일 우리가 차를 끌고 가게에 간다면, 온라인 쇼핑을 하는 편이 탄소발자국을 줄이는 방법일 수 있다. 하지만 우리가 대중교통이나 자전거를 이용해 정기적으로 가게에 간다면, 온라인 쇼핑의 탄소 배출량이 더 높을 것이다.

비행을 줄이자

비행 부문이 전 세계 탄소 배출량에서 차지하는 비율은 약 2퍼센트에 불과하지만, 비행기는 다른 교통수단에 비해 탄소발자국이 크다. 이를테면, 미국에서 유럽으로 가는 왕복 비행은 승객 한 명당 이산화탄소 약 1톤을 배출하는데, 이는 스페인이나 이탈리아에 사는 사람의 연간 평균 배출량의 20퍼센트에 해당한다. 승객용 공간이 넓은 일등석은 다른 좌석보다 두 배 이상의 탄소 배출을 일으킨다.

항공 교통 분야는 수십 년 동안 빠르게 성장했다. 항공기는 2019년까지 매일 약 12만 6천 회의 항공편으로 승객 43억 명을 수송했다. 그 당시에 연구원들은 항공 여행에서 나오는 배출량이 2050년까지 세 배로 증가할 거라고 예측했다. 비록 코로나19 대유행으로 항공 교통량이 극적으로 감소했으나, 중산층이 늘어나는 아시아 지역에 초고속 성장 중인 공항들이 있어서 항공 부문 산업경제가 금방 회복할 것으로 보인다.

비행기를 탈 수밖에 없다면, 국제청정교통위원회(ICCT)에서는 **너드(NERD)**처럼 비행기를 타라고 권한다.

N 신형(Newer) 비행기를 탄다. 에어버스 A320neo, 보잉787-8은 에너지 효율이 더 높다.

E 이코노미석(Economy seat)을 탄다. 일반적으로 승객당 탄소 배출량이 더 적다.

R 일반(Regular) 중형 제트기를 이용한다. 대형 제트기보다 에너지 효율이 더 높은 편이다.

D 직항(Direct Flights)을 탄다. 경유하는 비행기보다 탄소 배출량이 적다.

마야 로젠(Maja Rosén)

비행 반대 운동(No-fly) 개척자이자, 환경보존단체 '위스테이 온더 그라운드(We Stay on the Ground)'와 '플라이트 프리 월드(Flight Free World)' 창립 멤버

나는 세계 기후 위기가 얼마나 심각한지 깨닫게 된 2008년부터 비행을 포기했다. 기후 문제에 민감한 수많은 사람이 고기를 덜 먹고, 플라스틱을 덜 쓰고, 자전거를 타고 출근을 하지만,

장거리 비행을 하는 순간, 그들은 배기가스를 줄이기 위해 했던 모든 일을 내려놓는 셈이 된다.

바로 그 때문에 나는 2017년부터 1년간 비행기 타지 않기 캠페인을 시작했다. '플라이트 프리(Flight Free) 2019'라는 첫 번째 캠페인에서 우리는 약 1만 건의 서약을 받았다. 대부분 스웨덴에서 받은 것이었다. 그리고 그해, 스웨덴에서의 비행 건수가 4퍼센트 감소했다. 많아 보이지 않겠지만, 그 전부터 매년 비행률이 꾸준히 증가한 점을 고려해야 한다.

2020년에 우리는 32개국 사람들로부터 약 2만 6천 건의 비행 금지(no-fly) 서약을 받았다. '부끄러운 비행'이라는 뜻의 플뤼그스캄(flygskam)이라는 용어가 전 세계적인 관심을 끌자, 국제 항공 운송 협회에서는 비행 금지 운동이 업계에 위협이 된다고 언급했다.

나는 이 캠페인을 통해, 우리가 옳은 일을 하고 그 이야기를 전하면, 다른 사람도 함께할 것이며, 그로 인해 우리에게 필요한 체계적인 변화의 길이 열릴 거라는 믿음을 배웠다.

지금 우리가 할 수 있는 일

"사람들은 세상을 바꿀 수 있는 자신의 능력을 과소평가하고 있습니다."

다섯
너무 아까운 쓰레기

제 조사들은 우리가 매일 사는 물건을 만들기 위해 다시 되돌릴 수 없는 천연자원들을 지구에서 뽑아낸다. 공장에선 그 자원을 전자제품, 가전제품, 가구, 옷, 세면도구, 주방용품으로 바꾸면서 온실가스를 배출한다. 그 물건을 사용한 우리는, 어쩔 땐 몇 초 만에 버리기도 한다. 그렇게 수많은 쓰레기를 만들어 우리가 숨 쉬는 공기, 마시는 물, 사는 땅을 오염시킨다. 탄소발자국을 줄이기 위해, 우리는 낭비를 없애고, 일회용 제품을 쓰지 않고, 효과적으로 재활용하며, 이미 가진 것을 사용하고, 새로 사기 전에 다시 생각해봐야만 한다.

세계적인 쓰레기 문제

사람은 쓰레기 덩어리다. 선진국에 사는 사람들은 하루에 약 1에서
2.3킬로그램의 쓰레기를 만들어낸다.

쓰레기 발생률(하루 1인당)

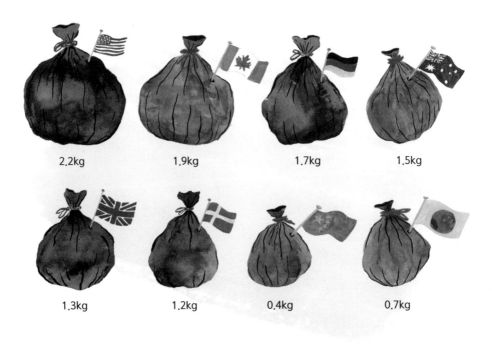

2.2kg   1.9kg   1.7kg   1.5kg

1.3kg   1.2kg   0.4kg   0.7kg

규모가 큰 나라나 다른 선진국과 비교해보면, 미국인은 평균 쓰레기 배출량이 더 많다.
미국인은 매년 자기 몸무게의 10배에 달하는 쓰레기를 만들고, 평생 64톤에 이르는
쓰레기를 매립지로 보낸다.

가정 쓰레기

일반적인 가정 쓰레기 속에 들어 있는 것

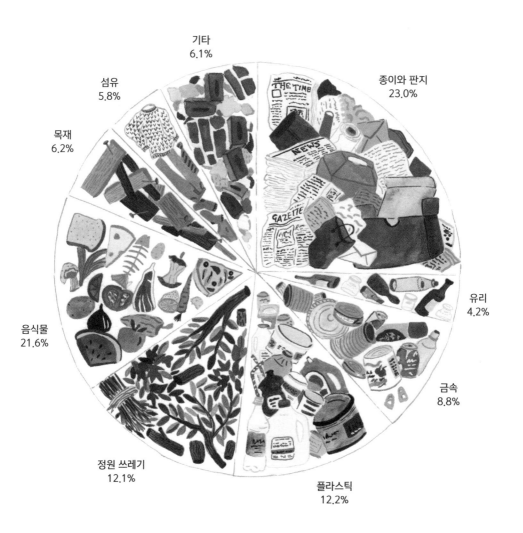

기타
6.1%

섬유
5.8%

목재
6.2%

종이와 판지
23.0%

유리
4.2%

금속
8.8%

플라스틱
12.2%

정원 쓰레기
12.1%

음식물
21.6%

쓰레기는 대부분 한 번 버려지면 끝이다

미국 50%
유럽연합 24%

매립지

미국의 쓰레기 절반은 매립지에
버려지며, 그중 많은 양이 분해되어
강력한 온실가스 메테인을 배출한다.

미국 23.6%
유럽연합 31%

재활용

미국에서는 쓰레기의 약 4분의 1이
새 제품으로 재활용된다.

미국 11.8%
유럽연합 27%

소각

미국의 쓰레기 일부는 소각된다.
발전소는 에너지를 생산하기
위해 쓰레기를 태우면서 기후
변화를 일으키고 인간에게 유독한
대기오염물질(이산화탄소, 중금속,
다이옥신, 미세먼지)을 방출한다.

미국 14.6%
유럽연합 18%

퇴비화

미국에서 퇴비화시키는 쓰레기양이
점점 많아지고 있다. 음식 찌꺼기나
정원 쓰레기를 퇴비화하면 박테리아와
원생동물, 곰팡이 등에게 먹이로 줄
수 있다. 그러면 이 미생물들은 식물이
잘 자라도록 유기 쓰레기를 비료로
바꾸어준다.

플라스틱 문제

플라스틱은 환경발자국이 매우 크다. 플라스틱은 자연에서 분해되지 않으며, 그 모양과 크기가 셀 수 없이 많고 다양해서 큰 제품의 경우 재활용이 무척 어렵다.

플라스틱은 폴리머(polymers)라고 불리는 재료 범주에 속한다. 이 용어는 '다수'를 뜻하는 폴리(poly)와 '부품' 또는 '단위'를 의미하는 메로스(meros)라는 그리스 단어 두 개에서 유래했다. 이 합성 폴리머는 화석연료와 수소에 탄소를 사용하여 만들어지며, 산소나 염소, 불소, 질소, 실리콘, 인, 황을 포함할 수도 있다.

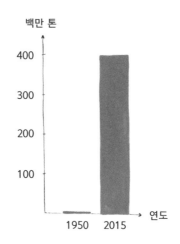

1907년, 리오 베이클랜드(Leo Hendrik Baekeland)가 **최초의 합성 폴리머**를 발명했다. 베이클라이트(Bakelite)라고 불리는 제품으로, 분자식은 ($C_6H_6O \cdot CH_2O$)$_n$, 화학명은 폴리옥시벤자일메틸렌-글리콜란하이드리드다. 베이클라이트는 큰 성공을 거두었다. 베이클랜드가 사망한 1944년, 그의 발명품은 보석과 카메라, 초기 기관총 등 1만 5천 개 이상의 다른 제품에 사용되었다. 당시 전 세계에서의 베이클라이트 생산량은 16만 톤에 달했다.

제2차 세계 대전 중에 **플라스틱 생산**이 시작되었다. 나일론이 실크를 대체했고, 합성고무로 타이어를 만들었으며, 플렉시글라스*로 잠수함의 잠망경과 항공기 앞 유리, 포탑 등을 만들었다.

전 세계 플라스틱 생산량은 1950년 2백만 톤에서 2015년 3억 8천만 톤으로 증가했다.

* Plexiglas, 독일 및 미국 제조업체에서 만든 유리 상품명 – 옮긴이

베이클라이트($C_6H_6O \cdot CH_2O)_n$의
화학명은

폴리옥시벤자일메틸렌글리콜란하이드리드

오늘날, 보이는 모든 곳에
플라스틱이 있지만,
안 보이는 곳에도 숨어 있다.

단열재, 파이프, 창문, 지붕 등
건축에도 널리 쓰인다.

면, 양모보다 플라스틱인
폴리에스터, 나일론으로 만든
옷이 더 많다.

자동차 부피의 최대 50퍼센트가
플라스틱이다.

플라스틱의 탄소발자국

1950년 이후에 생산된 플라스틱 83억 톤 중 대부분이 어떤 형태로든
아직도 환경에 존재하고 있다.

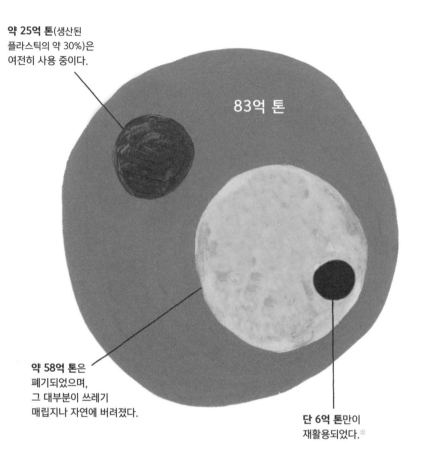

약 25억 톤(생산된
플라스틱의 약 30%)은
여전히 사용 중이다.

83억 톤

약 58억 톤은
폐기되었으며,
그 대부분이 쓰레기
매립지나 자연에 버려졌다.

단 6억 톤만이
재활용되었다.＊

＊ 두 번 이상 재활용된 플라스틱 포함

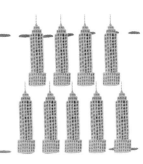

만약 현재의 추세가 계속된다면, 2050년까지 쓰레기 매립지와 자연환경에 폐기되는 플라스틱은 **약 120억 톤**에 이를 것이다. 엠파이어 스테이트 빌딩의 3만 5천 배에 해당하는 무게다.

플라스틱은 화석연료로 만들기 때문에 탄소 배출량이 높다. 현시점부터 2050년 사이에 생산되고 소각되는 플라스틱으로 인한 탄소 배출량은 약 560억 톤 정도가 될 것이다. 이는 미국 내 모든 석탄 발전소의 연간 배출량의 50배에 해당한다. 플라스틱 생산을 크게 줄이지 않는 한, 우리는 기후 변화를 늦출 수 없을 것이다.

하지만 문제는 점점 더 심각해지고 있다. 2010년 이후, 석유화학 산업계에서는 서반구에서 가장 큰 석유화학 시설인 텍사스주 다우 케미칼(Dow Chemical)의 공장이 있는 걸프 해안을 따라 사업을 확장하기 위해서 230개 프로젝트에 970억 달러(약 126조 원)가량을 투자했다. 게다가 120개 프로젝트가 추가로 진행 중이거나 계획 단계에 있다.

그 산업은 소위 셰일 혁명으로 불리는 셰일가스(shale gas)의 이점을 활용하고 싶어 한다. 2019년에 미국은 2005년에 비해 거의 두 배인 9조 6천억 세제곱미터의 천연가스를 생산했다. 그 천연가스 대부분이 셰일이라는 미세한 퇴적암 아래에 갇혀 있던 가스이며, 그 양이 풍부해서 추출하기 좋고 저렴하다.

> 셰일가스에 함유된 에테인은 세계 플라스틱 생산량의 약 3분의 2를 차지하는 유기화합물 에틸렌으로 전환될 수 있다.

현재 최고의 에테인 수출국인 미국은 캐나다와 브라질, 인도, 유럽, 중국의 석유화학 공장으로 에테인을 수출하고 있다.

미국의 상위 천연가스 생산지

1. 텍사스
2. 펜실베이니아
3. 루이지애나
4. 오클라호마
5. 오하이오

지금 우리가 할 수 있는 일

자연 속 플라스틱

플라스틱은 환경도 오염시킨다.

매년 바다로 유입되는 플라스틱은
약 1천 1백만 톤에 달하며, 더 작게
쪼개지는 그 플라스틱들을 야생동물이
섭취한다. 전문가들은 2050년까지 바다에
유입되는 총 플라스틱 쓰레기양이
전체 해양 물고기 무게보다 더
나갈 것으로 예측한다.

플라스틱 부스러기들은 해류의
영향을 받아 쓰레기 더미
다섯 군데로 떠밀려 간다.
그중 가장 큰 곳은 하와이와
캘리포니아 중간에 위치하고 프랑스 크기의
3배나 되는 태평양 거대 쓰레기 섬이다.

이 네 개 브랜드는 매년 중국과 인도, 필리핀,
브라질, 멕시코, 나이지리아에서 50만 톤
이상의 플라스틱 쓰레기를 발생시키고 있다.
이 쓰레기는 모두 쓰레기 매립지나 자연에
버려지고 소각된다. 연구원들은 **매년 바다로
유입되는 플라스틱의 50에서 70퍼센트**가
개발도상국에서 버려진 것으로 추정하고 있다.

지금 우리가 할 수 있는 일

야생동물 속 플라스틱

과학자들은 바다로 유입되는 플라스틱 양이 2040년까지 세 배로 증가할 것으로 보고 있으며, 이것은 바다와 해양 생물에게는 심각하게 나쁜 소식이다.

보고에 따르면, 700종 이상의 해양 동물들이 플라스틱을 먹거나 플라스틱에 묶여 있다고 한다.

플라스틱에는 과불화화합물*과 난연제, 착색제 등 물이나 얼룩, 열에 강한 화학 첨가물이 함유되어 있다. 이런 플라스틱을 먹으면 그 독소가 유기체의 혈류나 조직에 흡수될 수 있다.

*탄소와 불소의 화합물이며 환경호르몬의 한 종류 – 옮긴이

연구원들은 죽은 새들의 위에서 종종 플라스틱 쓰레기를 발견한다. 그들은 2050년까지 전체 바닷새의 99퍼센트가 평생 플라스틱을 먹게 될 거라고 보고 있다.

'호주의 오염되지 않은 마지막 천국'으로 알려진 코코스(킬링)섬을 방문한 과학자들은 그곳에서 신발 97만 7천 개와 칫솔 37만 3천 개를 포함해 플라스틱 조각 4억 1천 4백만 개를 발견했다.

지금 우리가 할 수 있는 일

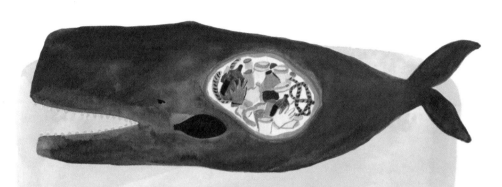

2019년, 스코틀랜드 해변에서 발견된 고래의 배 속에 밧줄, 플라스틱 컵, 가방, 장갑, 튜브 등 약 100킬로그램의 쓰레기가 들어 있었다.

전 세계 거북이들의 약 52퍼센트가 플라스틱 쓰레기를 먹는다. 갈라파고스 푸른 거북은 비닐봉지를 그들이 가장 좋아하는 먹이인 해파리로 착각하는 바람에 봉지에 얽혀버리곤 한다.

미생물이 분해할 수 없으므로, 플라스틱은 생분해되지 않는다. 하지만 몇 년이 지나면 미세 플라스틱이라고 부르는 사람 머리카락보다 얇은 조각으로 쪼개진다. 미세 플라스틱은 자동차 타이어나 의복, 카펫의 합성섬유에서 나올 수도 있다.

미세 플라스틱은 너무 작아서 공중에 떠다니며 대기 흐름에 따라 수천 킬로미터를 이동할 수 있다.

연구원들은 북극에 있는 눈 속에서 미세 플라스틱을 발견했다.

로키산맥과 스위스 알프스, 피레네산맥과 같은 자연 그 자체인 장소에서도 작은 플라스틱 섬유가 발견되었다.

5개 대륙에 걸친 38개국에서 제조된 각기 다른 상표의 128개 소금에서 미세 플라스틱이 발견되었다.

플라스틱은 우리 몸속에도 있다. 과학자들은 사람들이 평균적으로 매년 7만 4천 개에서 12만 1천 개의 플라스틱 입자를 섭취하거나 흡입한다고 보고 있다. 주로 플라스틱병으로 물을 마시는 사람들의 경우 그 수가 훨씬 더 높다.

포장재

매년 생산되는 플라스틱의 42퍼센트가 포장제품을 만드는 데 사용된다.

포장 용기에 재활용 코드가 적혀 있다고 해서 모두 재활용이 가능한 것은 아니다. 관련 법규는 세계적으로 다양하지만, 여기 몇 가지 지침을 적어놓았다.

1번, 2번, 5번 플라스틱은 전 세계적으로 널리 재활용되고 있다. 4번, 6번, 7번 플라스틱은 재활용할 수 있는 시설이 별로 없으며, 3번 플라스틱은 절대 불가하다.

- -

1. **폴리에틸렌테레프탈레이트(PET):** 청량음료 및 물병

2. **고밀도 폴리에틸렌(HDPE):** 우유 용기, 압착 병

3. **폴리염화비닐(PVC):** 일부 샴푸 및 세정 제품용 병

4. **저밀도 폴리에틸렌(LDPE):** 비닐봉지, 일부 비닐랩, 음료 컵

5. **폴리프로필렌(PP):** 요구르트 및 버터통, 포장구매 식품 용기, 케첩 병

6. **폴리스타이렌(PS, 스티로폼으로 알려져 있음):** 스티로폼 용기와 컵, 장난감, 봉투의 작은 비닐, 나이프와 포크, 고기 또는 생선용 쟁반

7. **혼합 플라스틱:** 다른 종류 플라스틱들을 섞어 만든 물건 또는 재활용할 수 없는 수지로 만든 물건

미국 폐기물 관리 서비스 업체에서는 매년 3,570만 톤(1인당 약 99킬로그램)의 플라스틱을 수거하지만, 그중 9퍼센트만 재활용하고 있다. 그에 비해 유럽연합의 시민이 매년 평균적으로 버리는 플라스틱 포장제품 약 33킬로그램 중에서 40퍼센트 정도가 재활용된다.

플라스틱 쓰레기를 없애기 위해
우리가 할 수 있는 일

일회용 플라스틱은 거절하자

플라스틱 쓰레기를 없애면 야생동물을 보호하고
탄소발자국을 줄이는 데 도움이 된다.

일회용 병이나 가방을
재사용할 수 있는 물건으로
대체하자.

VS

**플라스틱으로 포장하지
않는 제품**을 구매하자.

재사용 가능한 장바구니를 들고 와서
대량으로 장을 보자. 대용량 진열 상품은
포장되어 있지 않다! 장기적으로 보면, 적게
자주 사는 것보다 대량으로 구매하는 편이
플라스틱 쓰레기를 줄일 수 있다.

빨대나 커피 스틱 및 일회용
식기는 **쓰지 말자.**

커피숍에 가면 **재사용
가능한 잔**에 커피를
달라고 요청하자.

알루미늄은 재활용률이 매우
높아 플라스틱 대신 쓰기
좋으며, **유리 용기**도 좋은
대체품이다.

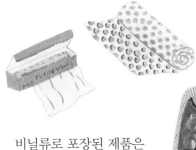

비닐류로 포장된 제품은
되도록 **사지 말자.** 식품용
지퍼백이나 랩, 에어캡 등은
재활용이 되지 않는다.

PVC는 피하자. PVC는 식품
포장에는 별로 쓰이지 않지만,
블리스터 포장*이라고 불리는
크램쉘을 만들 때 사용되기도 한다.
재활용할 수 없다.

개인 포장 용기를 사용하자. 전문
매장이나 농산물 시장에서는 대부분
포장 없이 제품을 판매하고 있으므로
식료품을 개인 용기나 종이봉투에
담아올 수 있다.

* blister packaging, 플라스틱 시트를 가열 후 변형하여
  만든 포장제품으로 알약 등을 포장할 때 쓰임 – 옮긴이

제로웨이스트(Zero-Waste) 주방을 향해

일회용 플라스틱은 어디나 있지만, 그걸 피하기 위해 우리가 할 수 있는 일도 많다.

미리 계획하자. 충동적인 쇼핑과 플라스틱 포장은 뗄 수 없는 관계다. 장보기 전에 달력을 보고 식단을 세운 후 정말 필요한 목록을 적자.

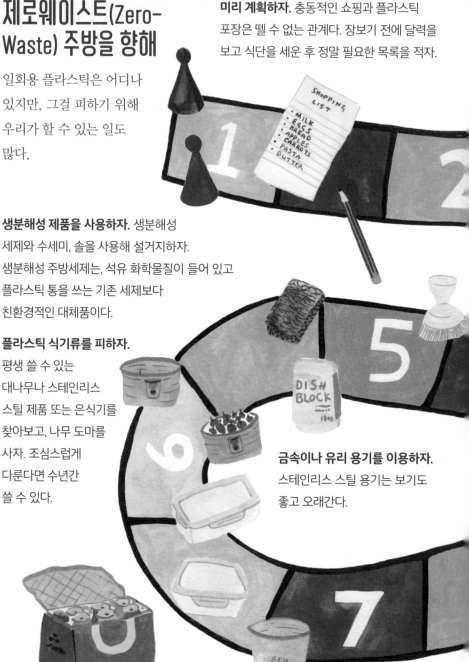

생분해성 제품을 사용하자. 생분해성 세제와 수세미, 솔을 사용해 설거지하자. 생분해성 주방세제는, 석유 화학물질이 들어 있고 플라스틱 통을 쓰는 기존 세제보다 친환경적인 대체품이다.

플라스틱 식기류를 피하자.
평생 쓸 수 있는 대나무나 스테인리스 스틸 제품 또는 은식기를 찾아보고, 나무 도마를 사자. 조심스럽게 다룬다면 수년간 쓸 수 있다.

금속이나 유리 용기를 이용하자.
스테인리스 스틸 용기는 보기도 좋고 오래간다.

시야를 넓히자. 마트에서는 플라스틱 포장을 피하기 어렵다. 생선가게, 정육점, 빵집 등 전문 매장에서는 종이 포장이나 개인 용기 사용을 좋아할 것이다.

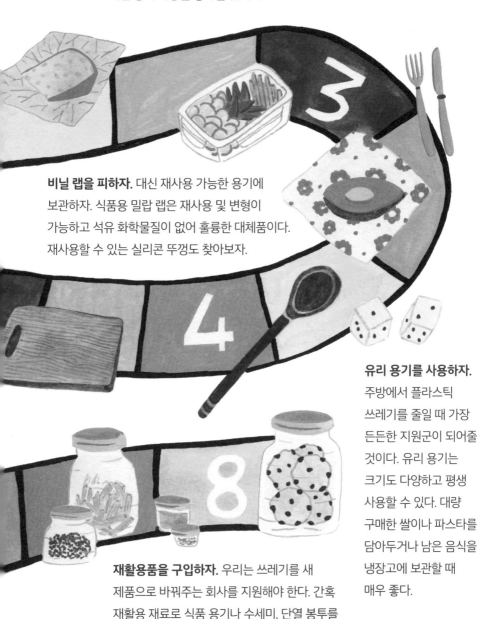

비닐 랩을 피하자. 대신 재사용 가능한 용기에 보관하자. 식품용 밀랍 랩은 재사용 및 변형이 가능하고 석유 화학물질이 없어 훌륭한 대체품이다. 재사용할 수 있는 실리콘 뚜껑도 찾아보자.

유리 용기를 사용하자. 주방에서 플라스틱 쓰레기를 줄일 때 가장 든든한 지원군이 되어줄 것이다. 유리 용기는 크기도 다양하고 평생 사용할 수 있다. 대량 구매한 쌀이나 파스타를 담아두거나 남은 음식을 냉장고에 보관할 때 매우 좋다.

재활용품을 구입하자. 우리는 쓰레기를 새 제품으로 바꿔주는 회사를 지원해야 한다. 간혹 재활용 재료로 식품 용기나 수세미, 단열 봉투를 만들어 판매하는 업체가 있다.

로렌 싱어(Lauren Singer)

개인 블로그 '휴지통은 멍청이를 위한 것(Trash is for Tossers)'으로 유명해진 제로웨이스트 운동가이자 패키지 프리숍(Package Free Shop)의 설립자

나는 환경과학을 공부하며 지구에서 일어나는 끔찍한 일을 모두 배웠고, 그것이 새, 벌, 꽃뿐만 아니라 인간에게도 어떤 영향을 끼치는지 알게 되었다. 이후에 나는 사람들의 지속 가능하지 않은 생활방식을 대기업 탓으로 돌렸으며, 부족한 정책과 규제는 정부 탓을 했다. 너무나 화가 났다. 천연가스 발굴을 반대하는 안티 프래킹 운동에 동참하며 시위에도 참여했다. 하지만 동시에 나는 지속 가능한 생활방식을 권하는 일과 실제로 지속 가능한 삶을 사는 것이 크게 다르다는 사실을 깨달았다. 그래서 내 생활을 평가해보았더니, 사용하던 모든 화장품이 플라스틱으로 포장되어 있으며, 합성 성분이 들어 있음을 알게 되었다. 의류도 마찬가지였다. 나는 석유와 가스 산업에 반대했지만, 소비 습관을 통해 그들을 지원하고 있었다. 가치관과 행동이 전혀 일치하지 않은 것이다. 그때부터 생활 속에서 플라스틱을 잘라내기로 했다. 2012년부터 플라스틱으로 포장하지 않은 식료품을 사기 시작했고, 직접 화장품을 제조했으며, 퇴비를 만들고, 농산물 시장에 갔다. 피할 수 없는 쓰레기들은 유리병에 모았고, 블로그 '휴지통은 멍청이를 위한 것'을 열었다. 블로그 활동은 태어나서 처음으로 내가 환경에 미치는 영향을 직접 통제할 수 있도록 힘을 실어주고, 더 나은 생활방식으로 살 수 있게 해주었다. 그 덕분에 돈을 절약하고, 유독 화학물질을 피하고, 훨씬 더 잘 먹게 되었기 때문이다. 더 나아가 나는 유기농 세탁 세제를 만들기 시작했으며, 그렇게 첫 번째 회사인 '더 심플리(Simply Co.)'가 태어났다. 이후에 지속 가능한 제품을 출시한 기업인들을 만났는데 직접적인 고객층이 없어 사업 성장에 어려움을 겪고 있다는 사실을 알게 되었다. 하지만 나에게는 블로그를 통해 만난 이상적인 고객층이 있었다. 2017년, 패키지 프리숍을 만들어 이 브랜드들을 한 지붕 아래에 두었다. 약 40개 브랜드로 시작한 우리는 이제 100개 이상의 브랜드를 가지고 있으며, 세상을 쓰레기로 만드는 일을 막기 위해 1,000여 개에 이르는 제품을 판매하고 있다.

"세계는 수십억 개의 집단행동으로 이루어져 있다.
만일 우리가 좋은 영향을 주는 작은 행동으로 각자 성장할 수 있다면,
결국 그 행동으로 인해 지구에 끼치는 우리 모두의 영향력이 높아질 것이다."

유력한 용의자들

우리가 사용하는 포장재 대부분은 플라스틱 외에도
종이나 유리, 알루미늄, 깡통 캔으로 되어 있다.

종이

종이와 판지는 가정에서 나오는 모든 쓰레기 중 약 4분의 1을
차지한다. 종이 포장은 재활용률이 매우 높아서 플라스틱보다 좋은
대체품이다. 하지만 종이제품이 다 재활용되는 것은 아니다. 냅킨은
보통 너무 더러워서 재활용이 어렵고, 화장지는 배수구에 버려진다.

미국에서 2017년에 폐기된 종이제품 6,700만 톤
중 3분의 2가 재활용되었다. 유럽연합의 종이 및
판지 재활용률은 약간 더 높다.

유리

유리는 일반적으로 식품 용기뿐 아니라 청량음료, 맥주, 와인,
술병, 화장품 용기 등에 사용된다. 어떤 곳에서는 널리 쓰이는
투명한 유리병의 재활용률이 더 높지만, 색유리도 재활용된다.
2019년 미국에서는 유리 재활용으로 온실가스 배출량을
8천 8백억 톤 이상 줄였는데, 이는 1년 동안 자동차 9만 대를
도로에서 없앤 것과 맞먹는 양이다.

미국 가정에서는 사용한 유리의 약 25퍼센트만
재활용하지만, 유럽 가정에서는 75퍼센트를
재활용한다.

알루미늄

알루미늄은 음료수와 에어로졸 캔을 만들 때 사용된다. 유리와 플라스틱은 주로 섬유 유리나 카펫 섬유 등 더 낮은 품질의 제품으로 '다운사이클(downcycle)'되지만, 알루미늄은 같은 제품으로 재활용하기 쉽다. 알루미늄은 처음 만들 때보다 재활용될 때 92퍼센트나 적은 에너지가 사용된다.

미국에서는 알루미늄 캔 전체의 약 50퍼센트가, 유럽에서는 75퍼센트가 재활용된다.

깡통 캔

깡통 캔은 주로 강철로 만들며, 내용물의 맛과 향을 보존하고 캔의 부식을 막기 위해 주석으로 된 얇은 층으로 덮여 있다. 에어로졸 캔은 보통 강철이나 알루미늄으로 만들며 재활용도 가능하다. 하지만 비어 있는지 확인 후에 분리수거 하자.

미국과 유럽에서는 모든 깡통 캔의 약 75퍼센트가 재활용된다.

재활용 가능 제품을 재활용하기 위해
우리가 할 수 있는 일

플라스틱을 분류하자. 단단한 플라스틱만 재활용할 수 있다. 비닐류 플라스틱은 종종 재활용 분리 기계에 말려 들어간다. 그래서 비닐봉지(마트 봉지, 빵 봉지 등)나 지퍼백, 에어캡, 고무 튜브 등은 플라스틱 재활용 통에 넣으면 안 된다.

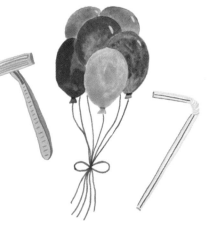

작은 플라스틱과 여러 재질이 혼합된 제품은 그냥 버리자. 풍선이나 빨대처럼 작은 물건은 쓰레기통에 버린다. 칫솔이나 일회용 면도기 등 혼합 제품도 마찬가지다.

검은색 플라스틱 용기를 주의하자. 재활용 업체 중에는 검은색 포장제품을 수거하지 않는 곳이 많다. 재활용 시설에서 근적외선 장비로 플라스틱 용기를 분리하는데, 이 장비가 검은 물건을 감지하지 못하기 때문이다.

문제 될 물품은 버리자. 도자기나 정원 호스, 파이렉스*
제품, 유리컵, 플라스틱 옷걸이와 장난감, 스티로폼 용기,
완충재, 거울, 창문, CD, 플라스틱 손잡이, 펜과 마커,
전구, 기저귀, 라이터, 건전지, 치약 튜브는 재활용함에
넣으면 안 된다.

* Pyrex, 주방용품 업체 코렐에서 만든 상품으로, 재활용이 되지 않음 – 옮긴이

플라스틱으로 코팅된 종이는 주의하자.
지역 재활용센터에 문의해서 우유 팩과 함께
주스 팩도 재활용하는지 확인하자. 이러한
방수성 플라스틱 코팅 제품은 종이에서 분리하는
데 비용이 많이 들어 재활용률이 낮은 편이다.

용기를 헹구고 라벨을 제거한 후 재활용함에 넣자.
플라스틱 뚜껑은 플라스틱 통에 그대로 두고,
유리병 뚜껑은 분리해서 넣자.

만약 확실하게 알지 못하겠다면,
지역 재활용센터에 문의하자.

그리고 기억하자.

　"잘 모르겠으면, 그냥 버려라."

테라사이클(TerraCycle): 폐기물이라는 개념을 없애자

재활용에 관해서라면, 테라사이클은 모든 일을 해냈다.

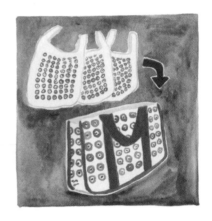

2001년 톰 재키(Tom Szaky)와 존 바이엘(Jon Beyer)이 뉴저지에 본사를 두며 설립한 이 회사는 음식쓰레기를 지렁이 배설물이라는 천연 비료로 바꾸는 일부터 시작했다.

이후 대형마트 타겟(Target)에 재사용 가능한 포장 용품을 공급했고, 사용한 포장재를 오레오와 칩스아호이 등 세계 유명 브랜드를 위한 필통과 토트백으로 업사이클링*했다.

＊upcycling, 쓸모없어진 물건을 다시 디자인해 가치가 높은 물건으로 재탄생시키는 재활용 방식 – 옮긴이

테라사이클은 담배 필터를 팔레트로 만든 후, 그것을 녹여 운송용 팔레트, 벤치, 물통 등을 만드는 기술을 개발했다.

또한 해변 플라스틱의 25퍼센트를 샴푸 통으로 만들어 재활용하도록 도왔다.

현재 테라사이클은 매년 재활용하기
어려운 폐기물 수억 개를 수집하여
21개 국가에서 재활용하고 있다.
라텍스 장갑이나 씹고 뱉은 껌, 식품
지퍼백, 면도기, 커피포트와 캡슐, 필터,
콘택트렌즈, 유아 카시트 등 무엇이든
재활용한다. 구강 관리 제품을 놀이터로
업사이클링하는 프로그램도 있다.

2019년, 테라사이클은 재사용할 수 있는
포장 용기로 제품을 전달하는 플랫폼, 루프
(Loop)를 출시했다. 소비자가 물건을 쓰면
루프에서 포장 용기를 가져가 재사용하는
것이다. 현재 영국과 프랑스, 미국에서
서비스를 이용할 수 있으며, 앞으로
캐나다와 일본, 호주, 독일 등으로 확대될
계획이다.

"시민들이 제일 먼저 해야 할 가장 중요한 일은 덜 사는
것입니다. 그것이 재활용보다 훨씬 더 중요합니다. 소비하는
양을 줄이세요. 물건을 소비하면 세상의 모든 환경 문제를
일으킵니다. 지구 온난화에서 산림 파괴까지 '모든 문제'가
물건을 사는 일과 연관되어 있습니다."

-톰 재키, 테라사이클 이사장

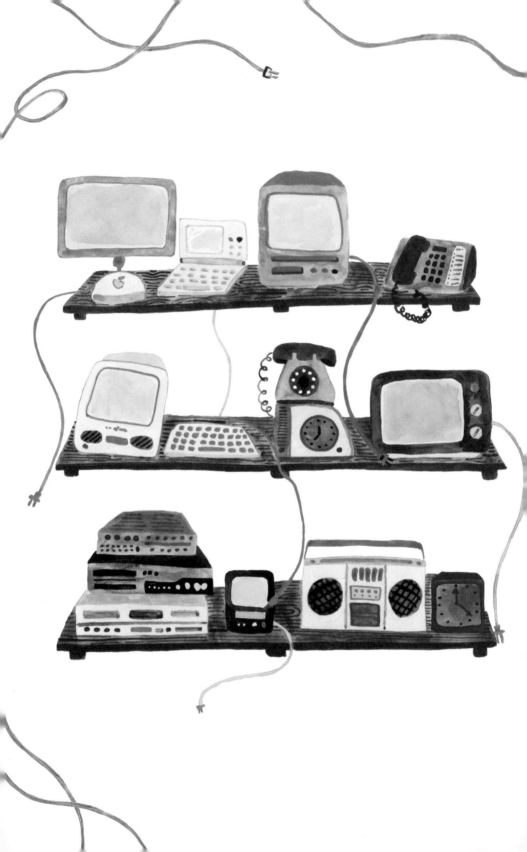

전자제품 폐기물

일반 스마트폰에는 약 100그램의 금속이 들어 있다. 많아 보이지 않겠지만, 이 정도 금속을 얻으려면 암석을 34킬로그램이나 채굴해야 한다. 이 수치를 매년 생산되는 스마트폰 14억 개에 대입하면, 새로운 스마트폰에 대한 열망을 해소하기 위해 채굴을 얼마나 많이 해야 하는지 알 수 있다. 게다가 스마트폰과 기타 전자제품들은 중국, 베트남, 홍콩 등 에너지 생산을 위해 석탄을 많이 사용하는 국가에서 주로 생산된다.

전 세계적으로 매년 버려지는 전자제품 약 5,400만 톤 중에서 단 17퍼센트만이 재활용된다. 안타까운 일이다. 전자기기는 좋지만, 그 안에 들어 있는 납이나 수은, 카드뮴, 크롬과 같은 독성 금속이 지하수와 토양으로 새어 들어가면 생태계를 해치게 된다. 게다가 전자기기는 구리와 리튬, 심지어 금과 같은 귀금속을 함유하고 있다. 따라서 원자재를 새로 추출, 처리, 운송하는 것보다 중고 전자제품에서 금속을 조달하는 도시광산(urban mining)의 탄소발자국이 더 작다.

다행인 것은 오래된 컴퓨터와 텔레비전, 스마트폰을 친환경적인 방법으로 처리하기가 쉽다는 점이다. 만약 전자기기 상태가 좋으면, 중고로 판매하거나 기부하는 방법도 좋다. 대형마트 중에는 버리는 전자제품을 재활용 업체에 보내주는 곳도 많다. 안 쓰는 제품을 전자 폐기물 처리업체에 맡기면, 그곳에서 물건을 고치거나, 부품만 빼내어 다른 제품을 수리하는 데 쓰거나, 재활용센터로 보내기도 한다.

물론 전자제품으로 인한 탄소발자국을 줄이는 가장 좋은 방법은 덜 사고, 끝까지 쓰는 것이다. 특히 스마트폰의 수명은 약 5년이지만, 미국과 유럽에서는 보통 2년 정도만 쓰고 버린다.

욕실의 환경발자국을 줄이기 위해
우리가 할 수 있는 일

칫솔을 바꾸자. 플라스틱 대신, 재활용 플라스틱이나 대나무 제품을 쓰자.

액체형 대신 **고체형 비누와 샴푸를 쓰자.**

일회용 면도기는 쓰지 말자. 매년 일회용 면도기 수억 개가 쓰레기 매립지에 버려지고 있으며, 그중엔 한 번 쓰고 버려진 것도 많다. 재사용 가능한 면도기를 구매하자.

구매 제품 안에 마이크로비즈 (microbeads)가 들어 있지 않은지 확인하자. 이 폴리에틸렌 플라스틱 조각은 세안제나 치약, 바디워시에 주로 함유되어 있으며, 너무 작아 수처리 공장에서 걸러지지 않기 때문에 결국엔 바다로 유입되어 해양 동물이 섭취하게 된다.

생분해성 포장제품을 찾아보자. 어떤 스타트업은 생분해성 용기에 탈취제를 제공하기도 하고, 구강청결제나 고체치약, 생분해성 치실을 재사용 가능한 용기에 담아 판매하는 업체도 있다.

성분을 확인하자. 보디로션, 젤, 샴푸, 립스틱, 마스카라, 클렌저, 보습제에 석유 부산물이 들어 있을 수도 있다. 생분해성 물질로 만든 천연 화장품은 탄소발자국이 더 작은 편이다.

야자유(팜유) 제품은 쓰지 말자! 야자유가 화장품 재료로는 좋지만, 그 생산을 위해 인도네시아와 말레이시아 등 생물 다양성이 높은 동아시아 국가에서 삼림 벌채가 일어난다.

친환경 청소 용품을 구매하자.
석유화학 물질로 만든 청소 제품
대신, 생분해성 청소 제품을 사자.
리필하여 쓸 수 있는 브랜드도
있다. 세제가 더 필요할 때마다
리필제품을 사면 된다.

선크림을 잘 고르자. 인기 많은 자외선
차단제 중에는 해양 생물, 특히 산호초를
훼손시키는 옥시벤존과 옥티노세이트
등 화학물질이 함유된 경우가 많다.
산화아연이나 이산화타이타늄이 함유된
미네랄 자외선 차단제는 산호초를
해치지 않는다.

배수구에 버려지는 나무들

평균적으로 미국인은 일주일에 화장지 세 롤을 사용한다.
연간 사용량이 축구장 길이의 23배다.

종이로 만든 화장지를 쓸 경우, 그 화장지를 만들기 위한 종이 펄프는 숲에서
가져왔을 것이다. 숲은 대기에서 이산화탄소를 끌어와 지하에 저장하고,
야생동물에게 서식지를 제공하는 곳이다. 프록터&갬블, 킴벌리클라크,
조지아퍼시픽 등 미국의 최대 화장지 제조업체들은 캐나다 숲에서 자원을
가져오고 있다. 이 제품을 사용할 때, 우리가 화장지를 변기에 버릴 때마다
말 그대로 나무를 변기에 버리는 것과 같다.

나무로 만든 화장지가 기후에 미치는 영향은 재활용품으로 만든 화장지의
3배에 달한다.

재활용 종이나 대나무 등 대체 재료로 만들어 탄소발자국이 더 작은 화장지를
찾아보자. 하지만 모든 대나무 화장지가 같은 것은 아니다. 산림 인증을 받은
브랜드를 선택하여 대나무 재배를 위해 숲을 개간하거나 지속
가능하지 않은 농법을 사용하지는 않았는지 확인해야 한다.

그리고 종이 타월의 경우, 재사용할 수 있는 천 행주로
대체해도 좋을 것이다.

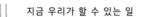

지금 우리가 할 수 있는 일

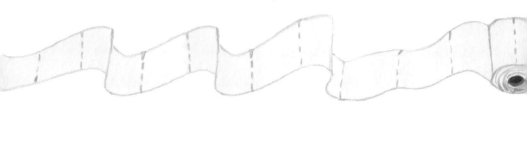

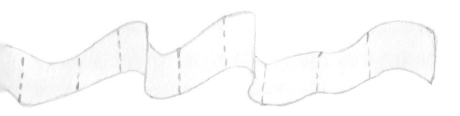

사라의 #플라스틱없는그날

지난 몇 년간 나는 매달 쌓이는 생리용품에 대해 생각해보았다. 마트에서
살 수 있는 생리용품은 주로 대형 브랜드에서 만든 생리대와 탐폰으로
한정되어 있다. 박테리아 감염과 독극물 쇼크 증후군을 일으킬 가능성이 있는
화학물질을 사용한 것으로 비난받은 그 제품들이며, 내가 10대 초반부터
사용한 것들이다. 최근 언론에서는 일반 생리대와 탐폰이 환경과 우리
몸에 얼마나 나쁜지 자주 보도하고 있다. 보통 여성들이 일 년간 사용하는
생리용품은 수천 개에 이르며, 한 번 사용하고 나면 쓰레기 매립지에 버려진다.

생리대와 탐폰에는 플라스틱 성분이 함유되어 있다. 탐폰 도포기와 끈은
일반적으로 플라스틱이나 합성 물질로 만들어지지만, 탐폰 몸체와 생리대에는
모두 얇은 폴리에틸렌층이 있으며 각각 플라스틱으로 싸여 있다. 다른 일회용
제품과 마찬가지로 이것도 결국 바다로 들어간다. 관련 연구에 따르면 영국
해변에서는 평균적으로 1킬로미터당 탐폰 9개가 발견된다고 한다.

내 친구들은 우리 몸과 환경에 모두 좋고 재사용 가능한 대체품을 써야 한다고
더 강하게 이야기하고 있다. 나도 재사용 가능한 생리용품을 직접 써보면서
내가 버리는 쓰레기양도 줄이고 돈도 꽤 많이 절약할 수 있다는 사실을 알게
되었다. 일반 탐폰과 생리대를 사용하면 한 달에 약 15달러(약 1만 9천 원),
일 년에는 약 180달러(약 23만 원)를 쓴다. 평생 가임 기간을 40년으로 보면
7,200달러(약 936만 원)를 쓰는 것이다! 적당한 생리용품을 찾기까지 시행착오가
좀 있겠지만, 선택의 폭은 넓다.

생리컵. 생리용품을 재사용할 수 있는 가장 좋은 방법이다. 약간 지저분할 수도 있고, 위치를 제대로 놓으려면 연습이 조금 필요하다. 생리컵의 모양과 크기가 다양해서 내게 잘 맞는 것을 고르려면 연구를 좀 해야 한다. 생리컵을 써본 친구들은 초반의 어색한 단계만 지나면 이보다 좋을 순 없다고 말한다!

생리 팬티. 재사용 가능한 초흡수 속옷이다. 전형적으로 유기농 면으로 만들어지며, 디자인이 멋진 것도 있다. 빨래를 추가로 해야 하는 것 빼고는 좋다는 이야기만 들었다. 방금 처음으로 주문했는데, 빨리 입어보고 싶다.

면생리대. 면으로 생리대를 만들어 인도 전역의 여성들에게 기부하는 인도의 에코팜므*에게서 면생리대 샘플을 받아 사용해보았다. 디자인도 마음에 들었고 사용감도 편하고 흡수가 잘 되었다. 하지만 이런 면생리대는 세탁을 해야 하므로 여행할 땐 불편할 수 있다.

* Eco Femme, 인도에 있는 여성 주도 비영리 사회단체 – 옮긴이

유기농 생리대와 탐폰. 여행할 땐 이런 제품이 꼭 필요하다. 비록 재사용할 수도 없고 일반 제품보다 비싸지만, 적어도 석유 화학물질이 없으며 폐기 후 생분해된다는 장점이 있다.

패션 산업

탄소발자국을 줄이고 싶다면 옷장 안을 들여다보자. 아마 그 안엔 절대 입지 않는 화려한 외투와 10년 전에 사놓고 버리지 못하는 찢어진 청바지들이 있을 것이다.

작은 탄소발자국

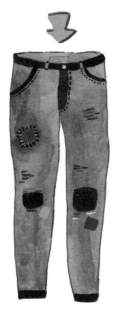

큰 탄소발자국

우리는 옷을 많이 산다. 전 세계적으로 사람들이 구매하는 의류는 매년 평균 약 11킬로그램으로, 이것은 청바지 11벌과 티셔츠 13벌에 해당한다.

패스트패션* 산업은 미국이 선도한다. 미국인은 평균적으로 매년 약 37킬로그램의 의류를 사들인다. 유럽인도 매년 31킬로그램을 구매하지만, 중국인은 1킬로그램에 불과하다.

*fast fashion, 최신 유행에 맞게 빠르게 제작, 유통하는 의류 – 옮긴이

의류 생산으로 발생하는 다량의 이산화탄소

미국의 연간 1인당
이산화탄소 배출량
1,451kg

유럽연합
1,224kg

전 세계 평균
442kg

중국
41kg

유엔 연구에 따르면, **패션 산업은 세계 온실가스 배출의 약 10퍼센트를 담당**하고 있다고 한다. 게다가 의류 제조업체들은 염색과 마무리 공정에서 많은 양의 물과 화학물질을 사용한다. 티셔츠와 양말, 셔츠를 만드는 데 주로 쓰이는 목화는 재배할 때 독한 살충제를 사용하는 작물이다. 우비, 수영복, 레깅스 등의 주성분인 폴리에스터와 나일론, 라이크라(스판덱스)는 석유 화학물질로 만들어졌으며 생분해성이 아니다.

패스트패션 vs. 슬로패션

패스트패션 산업

- - - - - - - - - - - -

24 COLLECTIONS A YEAR

시즌마다 여러 의상을
구매하도록 권장

오래가지 않는 질 낮은 옷 판매

섬유직 노동자들이 낮은 임금으로
끔찍한 환경에서 장시간 일하도록 강요

폐기물 발생. 매초 트럭 한 대의 직물
쓰레기가 매립되거나 연소됨

슬로패션 소비자

내구성이 뛰어난 옷 선택

유기농이나 재활용 재료로
만든 옷 구매

빈티지의 매력을 알고 있음

바자회를 주최해서 친환경적으로
옷장을 새롭게 바꿈

우리 신발의 탄소발자국

2018년 한 연구에 따르면, 신발 한 켤레를 제조할 때 이산화탄소 33킬로그램 정도가 배출된다고 한다. 미국인은 1년에 평균적으로 신발 7켤레를 구매하며, 이것은 1인당 연간 이산화탄소 배출량 약 231킬로그램으로 환산된다.

신발의 탄소발자국이 큰 주된 이유는 제조 과정이 복잡하기 때문이다. 일반적으로 신발을 만들려면 구성부품 수십 개가 필요하며, 제조 공정 수백 번을 거쳐야 한다.

이 과정은 에너지가 매우 많이 들며, 주로 세계 최대 신발 제조국인 중국에서 발생한다. 미국에서 판매되는 신발의 90퍼센트 이상이 중국제품이다. 제조 강국인 중국은 에너지 생산을 위해 석탄을 주로 사용한다.

게다가 신발의 원자재 추출, 운송, 포장에도 배기가스가 발생한다.

만약 신발의 탄소발자국을 줄이고 싶다면, 미국이나 유럽연합 등 에너지 생산에 석탄을 덜 쓰는 곳에서 제조한 신발을 고르자. 디자인이 단순하거나 생분해성 재료로 만든 신발을 선택하는 것도 좋다. 펜넬(fennel)이라는 허브나 해조류, 재활용 껌 등으로 신발을 만드는 회사도 있다. 또한 가죽 신발은 합성 물질로 된 신발보다 탄소발자국이 더 크다는 사실도 명심할 필요가 있다.

지금 우리가 할 수 있는 일

시드니 브라운
(Sydney Brown)

**비건 제화공이자 비건 신발제조업체
'시드니 브라운' 설립자**

나는 디트로이트 외곽에서 자랐다. 도축장이 많은 곳이었다. 차를 타고 나갈 때마다 동물의 비명을 들은 우리 가족은 모두 채식주의자가 되었다. 몇 년 후에 영성(靈性)에 대해 배운 후, 나는 가죽에 관해 알아보았고,

동물 가죽을 옷으로 입는 것을 거북하게 느끼게 되었다. 그래서 가죽옷을 입지 않기로 다짐하게 된 것이다.

가죽을 쓰지 않고도 지속 가능한 예쁜 신발이 없어서 직접 만들기로 했다. 제화 수업을 들었고, 나이 많은 제화공 아래서 1년 정도 훈련을 받았다.

2011년에 회사를 차리고 첫 번째 컬렉션을 출시했는데, 비건 신발은 절대로 잘 팔리지 않을 거라는 말을 들었다. 하지만 기후가 악화할수록, 지속 가능성에 관심을 보이는 사람들이 많아지고 있다.

지금 우리는 전 세계에 신발을 판매하고 있으며 특히 일본 수출률이 높다. 나는 25살 때 석사과정을 밟기 위해 일본으로 건너갔고 그곳의 영성에 큰 영향을 받았다. 일본사람들은 모든 사물과 무생물, 살아 있는 물체와 산, 바위, 강 등 만물이 고유의 정신을 갖고 있다고 생각한다. 일본의 디자인은 매우 간소한 대신 소재에 중점을 두는데, 나도 이 부분을 매우 중요하게 생각한다.

그 당시 가죽 없는 신발들은 대부분 플라스틱으로 만들어졌다. 세상에 플라스틱을 더하고 싶지 않았던 나는 다른 재료로 실험을 시작했다. 우리는 포르투갈에서 코르크를 수확하여 면에 붙여보았고, 파인애플과 사과, 펜넬 등으로도 같은 실험을 했다. 하지만 이 재료들은 가죽처럼 잘 구부러지지 않았다. 우리는 신발이 어떻게 만들어지는지 다시 연구해야 했다. 신발을 분해해보니 평균 15개 재료로 구성되어 있다는 것을 알게 되었고 각 재료를 식물로 만들기 위해 노력했다. 나는 이 과정이 그토록 도전적인 일일 줄은 상상도 못 했다. 동물성 지방이 없는 접착제를 찾을 수 없어서 새로운 접착제도 개발해야 했다. 그리고 이제 우리 회사는 100퍼센트 비건이며 지속 가능한 재료로 만든 신발을 판매하고 있다.

지금 우리가 할 수 있는 일

"당장 신발 생산을 중단한다 해도 아무 일 없을 거예요.
세상이 끝날 때까지 우리가 신을 신발은 충분할 테니까요."

종이 문제

화장지, 광고물, 추리소설, 냅킨의 공통점은 뭘까? 모두 종이로 만들었다는 점이다. 전 세계적으로 제지 산업에서 매년 생산하는 종이는 1인당 평균 약 55킬로그램이지만, 북미 국가 등 1인당 소비량이 세계 평균보다 4배나 높은 산업화 국가에서 그 수치는 훨씬 높다.

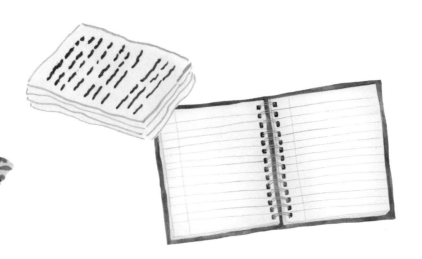

포장과 화장지 산업으로 인해 종이 사용량이 꾸준히 증가하고 있다. 수요가 많으면 생산도 늘어난다. 종이 생산에는 에너지와 물이 많이 사용되므로 환경에는 좋지 않은 소식이다. 게다가 종이를 만들려면 제조업자들은 나무를 많이 베어야 한다. 세계 목재 수확량의 약 3분의 1이 종이를 만드는 데 사용된다.

인도네시아, 브라질, 모잠비크, 캐나다 같은 나라의 제조업체는 자연림을 해치는 펄프 목재 농장을 운영한다. 자연림이 잘려 나가면 지하에 저장된 온실가스가 배출된다. 그리고 펄프재 조림지는 오래된 숲만큼 이산화탄소를 많이 흡수하지 못한다.

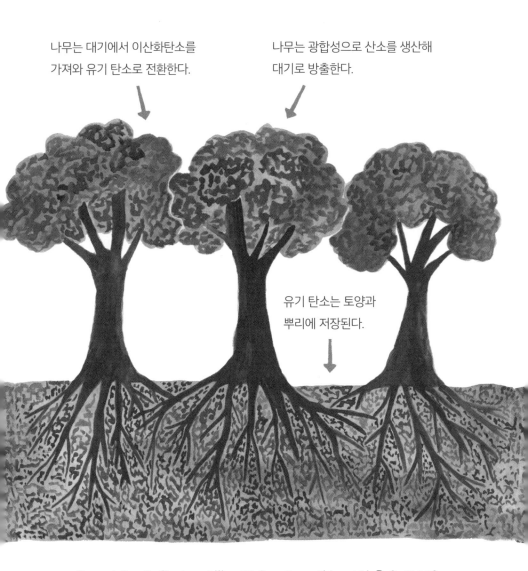

나무는 대기에서 이산화탄소를 가져와 유기 탄소로 전환한다.

나무는 광합성으로 산소를 생산해 대기로 방출한다.

유기 탄소는 토양과 뿌리에 저장된다.

종이 사용으로 환경에 나쁜 영향을 끼치지 않는 제일 좋은 방법은 소비를 줄이고 재활용 종이를 최대한 많이 사용하는 것이다.

종이의 탄소발자국을 줄이기 위해
우리가 할 수 있는 일

재활용 종이로 인쇄된 책을 사자. 중고 책을 사는 편이 더 좋다. 전자책도 좋은 방법이지만, 전자책과 태블릿 제조에도 수많은 공정 과정과 에너지가 들어간다. 가장 지속 가능한 독서 방법은 단연코 공공도서관에서 책을 빌려 읽는 것이다.

전자청구서를 신청하자. 미국에서 일반 가정이 한 달간 받는 종이 청구서는 약 9장이며, 전체를 합치면 연간 약 134억 장에 해당한다. 공과금 납부서를 전자메일로 요청하면 온실가스 배출량을 줄일 수 있다.

전자 영수증을 선택하자.
종이 영수증은 비스페놀A와 같이 종이를 오염시킬 수 있는 화학물질이 첨가된 감열지에 인쇄되므로 재활용할 수 없다. 영수증을 만들기 위해 미국에서만 매년 천만 그루 이상의 나무가 쓰러진다고 한다.

쏟아지는 광고지 수령을 중단하자.
광고지는 대부분 우편함이나 문 앞에서 쓰레기통으로 직행한다. 미국의 경우, www.optoutprescreen.com 또는 www.dmachoice.org와 같은 웹사이트에서 광고용 편지를 중단시킬 수 있다. 또한 문 앞에 '광고지 사절' 표지판을 놓으면 원치 않는 광고지를 돌려보낼 수 있다.

친환경적으로 소비하기 위해
우리가 할 수 있는 일

오래 쓸 수 있는 물건을 사자. 장인 정신으로 만든 물건을 알아보자. 품질이 좋은 조리기구나 의류, 가구는 비싸지만 수명이 긴 편이다. 게다가 정말 마음에 드는 물건을 사면 그 물건을 더 오래 간직할 가능성이 크다. 좋은 제품은 고장 났을 때 수리할 수 있고 새로운 구매자를 찾기도 더 쉽다.

스틸 모카포트는
오랜 친구가
되어줄 것이다.

주철팬은 평생 쓸 수 있다.

견고한 식탁은
대대로 물려줄
수도 있다.

스틸 은식기류가 대체품보다 오래간다.

튼튼한 냄비는 비쌀 수도 있지만,
수십 년 쓸 수 있다.

재활용품을 구매하자. 재활용되는 재료로 생활용품을 만들어 판매하는 업체가 많다. 그 목록이 길어지고 있지만, 필요한 물건을 찾는 건 어렵지 않다.

해양 쓰레기를 재활용해서 만든 물건

페트병을 재활용해서 만든 물건

어망을 재활용해서
만든 물건

자동차 타이어를
재활용해서 만든 물건

우유 팩을 재활용해서 만든 물건

적을수록 낫다

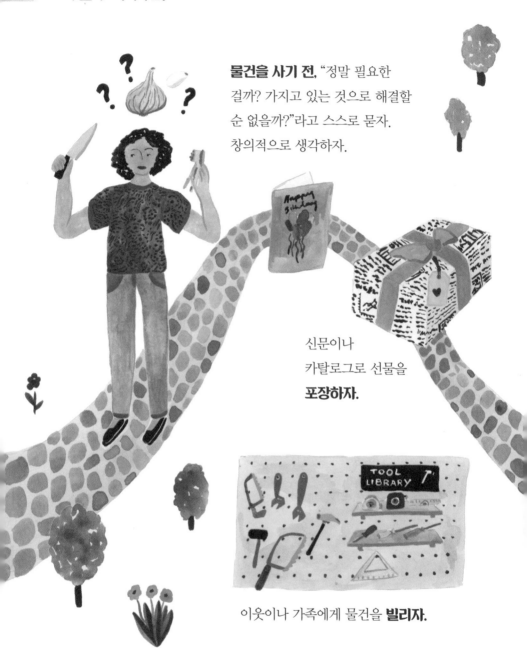

물건을 사기 전, "정말 필요한 걸까? 가지고 있는 것으로 해결할 순 없을까?"라고 스스로 묻자. 창의적으로 생각하자.

신문이나 카탈로그로 선물을 **포장하자.**

TOOL LIBRARY

이웃이나 가족에게 물건을 **빌리자.**

지금 우리가 할 수 있는 일

나만의 것을 **만들자.**

고장 난 게
아니라면 **새로
사지 말자.**

오래된 물건은
고치거나
업그레이드해서
새롭게 만들자.

친구 또는 이웃과
물건을 **교환하자.**

고장 난 물건은
고쳐서 써보자.

물건들의 두 번째 삶

버려진 물건도 여러 삶을 살 수 있다.

친구나
가족에게
주자.

헌책은 서점에 **기부하자.**
집 앞이나 근처 공원에서
작은 무료책방을 직접
열어도 좋다.

바자회를 **주최하자.**

다른 사람들이
가져가도록 집 앞에
놓아두자.

온라인으로 **판매하거나** 소셜미디어를
이용해서 원하는 사람이 있는지 알아보자.
크레이그리스트*처럼 물건을 나눌 때
이용할 수 있는 플랫폼이 많다.

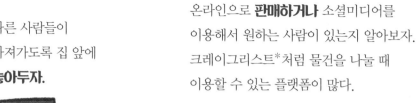

* Craigslist. 미국의 온라인
  생활 정보 사이트.
  우리나라에는 당근마켓
  등이 있음 – 옮긴이

노숙자 쉼터나 중고 상점,
동물 보호소 등 지역사회 단체에
기부하자.

중고품을 **사자.**
물건의 방랑을
멈추자.

체계적인 변화를 위해
우리가 할 수 있는 일

기후 변화와 싸우려면 생활방식만 바꿔서는 안 된다. 기후 위기는 화석연료 산업의 책임이 크다. 왜냐하면 그들은 수십 년간 이 문제를 인식하고 있었음에도 지구 온난화가 석탄이나 석유, 천연가스 탓이 아닌 척하며 사람들을 속였기 때문이다. 전력 회사들은 이미 오래전부터 신재생에너지로 전환할 수 있었음에도 더러운 화석연료를 계속 태웠고, 자동차 회사들은 전기 자동차로 전환할 수 있으면서도 돈을 더 많이 벌기 위해 더 크고 오염이 심한 자동차를 판매했다. 정치인들 또한 자신들도 달성하기 어려운 모호하고 실현 가능성이 적은 목표들만 계속 발표하고 있으며, 오랫동안 국민의 세금을 화석연료 회사에 가져다주고 있다. 생활방식의 변화가 탄소 배출량 감소에 도움이 되기는 하지만, 탄소 배출이 없는 미래를 위해서는 이처럼 영향력이 더 큰 주체들에게 책임을 묻고 화석연료를 버리도록 강요해야만 한다. 그러려면 더 큰 파급효과를 가진 집단적인 노력이 필요하다.

거리 시위에
참여하자.

청정에너지
정책을 지지하는
정치인에게
투표하자.

지역 의원에게 기후 조치를
요구하고, 소셜미디어를 통해
환경오염자를 **비판하자.**

이웃과 동료와
힘을 합치자.
공동체는 우리를
강하게 만든다!

화석연료와
멀어지자.

깨끗한 미래를 위해
싸우는 **환경 단체에**
기부하자.

가족, 친구들과 **기후**
해결책에 관해
대화하자.

나무를 **심자.**

중요한 실천 과제

탄소발자국을 줄이는 과정은 그 목적지만큼이나 긴 여정이며, 작은 단계 하나하나가 중요하다. 하지만 우리가 정말 도약하기 위해선, 이 실천 과제들이야말로 매우 큰 변화를 일으키는 **우리가 할 수 있는 일이다.**

에너지

겨울에는 온도를 약 1도에서 3도 낮추기

에너지 효율이 높은 제품 구매

에어컨 사용 중지 ※

옥상에 태양광 패널 설치

신재생에너지 구매

※ 집 내부를 에너지 효율적으로 바꾸거나 난방 시스템을 전기난방으로 전환하면 비슷한
   탄소 감소 효과를 얻을 수 있다.

음식

유기 폐기물 퇴비화

음식쓰레기 줄이기 ✳

채식주의자 되기

애완동물 키우지 않기

비건 되기

✳ 유기농 과일과 채소를 마트 대신 지역 농산물 시장에서 구매하면 비슷한 효과를
  얻을 수 있다.

교통

친환경 운전 실천

5킬로미터 이내 거리는 걷기

비행기 타지 않기

저렴한 전기 자동차 타기

자동차 없이 살아보기

쓰레기

덜 사기, 재사용하기, 재단장하기, 기부하기, 고품질 물건 사기

플라스틱 쓰레기 완전히 줄이기

쓰레기 3분의 1 이상 재활용 또는 고쳐 쓰기

면, 울, 실크 등 천연소재 옷 고르기

쓰레기양을 최소 75% 줄이기

추가 정보(참고 웹사이트)

더 자세히 알아보고 싶은 독자를 위한 것으로, 주요 주제에 관한 데이터와 보고서뿐 아니라 탄소 배출량을 줄이는 데 도움이 되는 방법을 확인할 수 있는 웹사이트 정보다.

기후 변화

Copernicus Climate Change Service(climate.copernicus.eu): 유럽연합의 기후 웹사이트.

Global Carbon Project(globalcarbonproject.org): 세계 탄소 프로젝트, 최신 기후 데이터 및 분석자료.

NASA Global Climate Change(climate.nasa.gov): NASA의 기후 포털 사이트.

National Oceanic and Atmospheric Administration, NOAA(noaa.gov): 국립해양대기청, 지구의 대기 및 해양에 관한 과학 자료와 보고서.

Project Drawdown(drawdown.org): 기후 해결책에 관한 정보를 얻을 수 있는 유용한 사이트.

Union of Concerned Scientists(ucsusa.org): 재생에너지 및 깨끗한 운송을 지원하는 비영리 과학 옹호 단체.

United Nations Environment Programme(unep.org): 유엔환경문제사무소.

US Environmental Protection Agency(epa.gov): 미국환경보호국, 미국의 온실가스 배출과 오염에 관한 정보.

전기

Energy Star(energystar.gov/products/energy_star_home_tips): 집에서 에너지를 절약하는 방법.

International Energy Agency, IEA(www.iea.org): 에너지 전문 연구기관인 IEA의 최신 통계자료.

International Renewable Energy Agency(irena.org): 지속 가능한 에너지 홍보기구인 IRENA의 보고서 및 데이터 자료.

Natural Resources Defense Council(nrdc.org/story/how-to): 자연보호를 위한 비영리 단체인 NRDC의 지속 가능한 생활에 관한 정보.

US Department of Energy(energy.gov/eere/energy-efficiency): 미국에너지부, 가정 내에서 에너지 효율을 높이는 방법.

US Environmental Protection Agency(lookforwatersense.epa.gov/rebates): 미국 환경보호국, 미국의 주택 소유주가 직접 집을 업그레이드하도록 도와주는 가격 정보.

US Environmental Protection Agency(epa.gov/greenpower/guide-purchasing-green-power): 미국환경보호국, 재생에너지 구매 가이드.

음식

Animal Welfare Institute(awionline.org): 동물의 권리를 위해 싸우는 비영리 단체.

Cummings School of Veterinary Medicine at Tufts University(vetnutrition.tufts.edu/2018/02/petfood_sustainability): 터프츠대학교 커밍스 수의학 대학원. 애완동물 사료의 탄소발자국에 관한 정보 및 애완동물에게 지속 가능한 음식을 제공하는 방법에 관한 정보.

EAT-Lancet Commission on Food, Planet, Health(eatforum.org/eat-lancet-commision): 지속 가능한 식단에 관한 모든 정보를 얻을 수 있는 사이트.

Environmental Working Group(ewg.org): 농업, 오염, 생산물에 함유된 살충제 안내서인 『더티 더즌(The Dirty Dozen)』을 출판하는 비영리 환경시민 단체.

Food and Agriculture Organization(fao.org): 국제식량농업기구, 전 세계 식량과 농업에 관한 최신 정보와 심층 보고서 제공.

Humane Society(humanesociety.org): 동물 권리를 보호하고 지지하는 비영리 단체.

Institute for Local Self-Reliance(ilsr.org): 지속 가능성에 대해 연구하는 비영리 시민단체로, 퇴비화에 대한 많은 정보를 제공함.

Local Harvest(localharvest.org): 미국의 지역 농산물 직판장 검색 웹사이트.

Nature Conservancy(nature.org): 농산물 생산, 생물 다양성, 청정에너지에 관한 보고서를 자주 출판하는 국제환경 단체.

NOAA fisheries(fisheries.noaa.gov): 미국해양대기청 어업부, 지속 가능한 어업을 장려하고 미국의 해양 자원을 보호함.

Regenerative Organic Alliance(regenorganic.org): 재생농업 장려 단체.

Rob Greenfield(robgreenfield.org): 친환경 생활 전문가 롭 그린필드의 영상, 글, 팁 정보.

Rodale Institute(rodaleinstitute.org): 유기농 제품 사용을 장려하는 비영리 단체.

Seafood Watch(seafoodwatch.org): 지속 가능한 수산물에 관한 안내서를 출판하는 세계적인 환경 단체.

Seasonal Food Guide(seasonalfoodguide.org): 근처에서 찾을 수 있는 제철 음식 정보.

Zero Foodprint(zerofoodprint.org): 농업적 기후 해결책을 위해 식품업계의 변화를 선동하는 비영리 단체.

교통

Flight Free World(flightfree.org): 비행 금지 캠페인에 대한 자세한 정보.

Frontier Group(frontiergroup.org): 청정에너지와 녹색 교통수단을 홍보하는 비영리 단체.

Institute for Transportation and Development Policy(itdp.org): 대중교통과 자전거 타기, 걷기를 장려하는 비영리 단체.

International Civil Aviation Organization(icao.int): 국제민간항공기구, 항공 운송에 관한 최신 자료와 보고서를 제공하는 유엔 사이트.

International Council on Clean Transportation(theicct.org): 국제청정교통위원회, 저탄소 운송을 장려함.

Shared-Use Mobility Center(sharedusemobilitycenter.org): 공유 교통수단을 장려하는 비영리 단체.

The Transport Politic(thetransportpolitic.com): 도시 교통에 관한 웹사이트.

Transport and the Environment(transportenvironment.org): 교통수단이 기후, 환경 및 건강에 미치는 영향을 확인할 수 있는 웹사이트.

US Department of Energy Fuel Economy(fueleconomy.gov): 미국에너지연비경제부, 자동차 주행거리를 늘리는 방법에 대한 정보 공유.

지금 우리가 할 수 있는 일

쓰레기

Ellen MacArthur Foundation(ellenmacarthurfoundation.org): 엘렌 맥아더 재단, 순환 경제에 대한 뉴스와 보도자료.

Food Packaging Forum(foodpackagingforum.org): 식품 포장이 인간의 건강과 환경에 미치는 영향에 대한 각종 정보를 제공하는 웹사이트.

Going Zero Waste(goingzerowaste.com): 쓰레기를 줄이는 방법을 알려주는 캐서린 켈로그의 웹사이트.

Green America(greenamerica.org): 환경 의식을 장려하는 비영리 단체.

Litterless(litterless.com/wheretoshop): 미국인들을 위한 제로웨이스트 식료품 가이드.

Sustainable Jungle(sustainablejungle.com): 지속 가능한 생활에 대한 뉴스와 정보.

Trash is for Tossers(trashisfortossers.com): 블로거이자 기업가인 로렌 싱어의 블로그로, 로우웨이스트 또는 제로웨이스트로 살아가는 생활 정보를 알려주는 웹사이트.

Waste Management(wm.com/us/en/recycle-right/recycling-101): 폐기물 관리업체 웨이스트 매니지먼트의 웹사이트로, 우리가 효과적으로 재활용할 수 있도록 체크리스트 제공.

Zero-Waste Chef(zerowastechef.com): 주방에서 발생하는 탄소발자국을 줄일 수 있도록 제로웨이스트 음식과 채식 레시피를 전문적으로 제공하는 웹사이트.

참고 자료

들어가며

케냐의 환경운동가이자 노벨상 수상자 왕가리 마타이가 들려준 '벌새 이야기'에서 영감을 얻었음.

하나

Arizona State University. **World Highest Temperature[세계 최고 기온]**. World Meteorological Organization's World Weather and Climate Extremes Archive. wmo.asu.edu/content/world-highest-temperature

Arizona State University. **World Lowest Temperature[세계 최저 기온]**. World Meteorological Organization's World Weather and Climate Extremes Archive. wmo.asu.edu/content/world-lowest-temperature

Cambridge University. 2020. **Jane Goodall: Finding Our Way to a Better Future[제인 구달: 더 나은 미래로 가는 길을 찾아서]**. youtu.be/ZlzRWqORVIU

Carrington, D. 2020. **Christiana Figueres on the climate emergency: 'This is the decade and we are the generation.'[기후 비상사태에 관한 크리스티아나 피게레스의 생각. '지금이 바로 그 10년이며, 우리가 바로 그 세대다.']**. The Guardian. bit.ly/3cZxwDu

Copernicus. 2021. **2020 Warmest Year on Record for Europe; Globally, 2020 Ties with 2016 for Warmest Year Recorded[2020년 유럽 최고 기온, 2020년 세계 최고 기온, 2016년 세계 최고 기온 기록]**. climate.copernicus.eu/copernicus-2020-warmest-year-record-europe-globally-2020-ties-2016-warmest-year-recorded

Denchak, M. 2019. **Greenhouse Effect 101[온실효과 101]**. Natural Resources Research Council. nrdc.org/stories/greenhouse-effect-101

Florida Center for Environmental Studies. n.d. **Energy: The Driver of Climate[에너지: 기후의 원동력]**. Climate Science Investigations (CSI). www.ces.fau.edu/nasa/images/Energy/EnergyTheDriverOfClimate.pdf

Friedlingstein, P., et al. 2020. Global carbon budget 2020. **Earth Systems Science Data 12 [지구 시스템 과학 자료 12]**. 3269-3340. doi: 10.5194/essd-12-3269-2020

Global Carbon Project. n.d. **The Global Carbon Atlas[세계 탄소 지도]**. globalcarbonatlas.org/en/CO2-emissions

Global Carbon Project. n.d. **Global Carbon Budget 2020[2020년 세계 탄소예산].** globalcarbonproject.org/carbonbudget/archive/2020/GCP_CarbonBudget_2020.pdf

International Union for Conservation of Nature. n.d. **Coral Reefs and Climate Change [산호초와 기후 변화].** iucn.org/resources/issues-briefs/coral-reefs-and-climate-change

IPCC. 2018. **Summary for Policymakers of IPCC Special Report on Global Warming of 1.5°C Approved by Governments[정부가 승인한 1.5도 지구 온난화에 관한 IPCC 정책수립자들을 위한 특별 보고서 요약본].** ipcc.ch/2018/10/08/summary-for-policymakers-of-ipcc-special-report-on-global-warming-of-1-5c-approved-by-governments

Ivanova, D., et al. 2020. **Quantifying the potential for climate change mitigation of consumption options[소비 옵션을 통한 기후 변화 완화 가능성의 정량화].** Environmental Research Letters 15(9):093001. doi: 10.1088/1748-9326/ab8589

James, H. 1988. **Congressional Testimony of Dr. James Hansen[제임스 한센 박사의 의회 증언].** Sealevl. info. sealevel.info/1988_Hansen_Senate_Testimony.html

NASA. n.d. **Global Climate Change[지구 기후 변화].** climate.nasa.gov

NASA. 2021. **2020 Tied for Warmest Year on Record, NASA Analysis Shows[가장 더운 해로 기록된 2020년, NASA 분석 결과].** nasa.gov/press-release/2020-tied-for-warmest-year-on-record-nasa-analysis-shows

NASA Earth Observatory. **Global Temperatures[세계 기온].** earthobservatory.nasa.gov/world-of-change/decadaltemp.php

NASA Earth Observatory. **Land Surface Temperature[지표면 온도].** earthobservatory.nasa.gov/global-maps/MOD_LSTD_M

NASA Science. **Solar System Exploration[태양계 탐사].** solarsystem.nasa.gov/solar-system/our-solar-system/overview

National Oceanic and Atmospheric Administration. **Monthly Average Mauna Loa CO2 [마우나로아의 월평균 이산화탄소].** esrl.noaa.gov/gmd/ccgg/trends/mlo.html#mlo

National Oceanic and Atmospheric Administration, Lindsey, R. 2020. **Climate Change: Atmospheric Carbon Dioxide[기후 변화: 대기 중의 이산화탄소].** climate.gov/news-features/understanding-climate/climate-change-atmospheric-carbon-dioxide

Natural Resources Research Council, Denchak, M. 2019. **Greenhouse Effect 101[온실효과 101].** www.nrdc.org/stories/greenhouse-effect-101

North Carolina Climate Office. **Climate Education Modules[기후 교육 모듈].** climate.ncsu.edu/edu/home

Public Broadcasting Service. 2020. **David Attenborough on How Our Changing Climate Affects Wildlife**[기후 변화가 야생동물에 미치는 영향에 대한 데이비드 애튼버러의 생각]. pbs.org/wnet/nature/blog/david-attenborough-on-how-our-changing-climate-affects-wildlife

Ritchie, H. n.d. **Who Has Contributed Most to Global CO$_2$ Emissions? Our World in Data**[전 세계 이산화탄소 배출에 가장 큰 책임이 있는 자는 누구인가? 데이터 속 우리 세계]. ourworldindata.org/contributed-most-global-co2

Román-Palacios, C., Wiens, J. J. 2020. **Recent responses to climate change reveal the drivers of species extinction and survival**[기후 변화에 대처하는 최근의 모습으로 종의 멸종과 생존의 원인을 알 수 있음]. PNAS 117(8): 4211-4217. doi:10.1073/pnas.1913007117

Sabine, C., et al. 2014. **Ask the Experts: The IPCC Fifth Assessment Report**[전문가에게 묻는다: IPCC 5차 평가 보고서]. Carbon Management 5(1), 17-25. doi: 10.4155/cmt.13.80

Space.com. n.d. **Gas Giants: Facts About the Outer Planets**[거대 가스 행성: 외행성에 관한 진실]. space.com/30372-gas-giants.html

Space.com. n.d. **Terrestrial Planets: Definition & Facts About the Inner Planets**[지구형 행성: 내행성에 관한 정의와 진실]. space.com/17028-terrestrial-planets.html

Stevens, A. N. P. 2010. **The Nature Education Knowledge Project: Introduction to the Basic Drivers of Climate**[자연 교육 지식 프로젝트: 기후의 기본 동인 개론]. nature.com/scitable/knowledge/library/introduction-to-the-basic-drivers-of-climate-13368032

Thunberg, G. 2019. **'Our house is on fire': Greta Thunberg, 16, urges leaders to act on climate**['우리 집은 불타고 있다': 16세 그레타 툰베리는 지도자들에게 기후를 위해 행동할 것을 촉구한다]. The Guardian. theguardian.com/environment/2019/jan/25/our-house-is-on-fire-greta-thunberg16-urges-leaders-to-act-on-climate

Union of Concerned Scientists. n.d. **Climate Impacts**[기후 영향]. ucsusa.org/climate/impacts

US Environmental Protection Agency. **Carbon Footprint Calculator**[탄소발자국 측정기]. epa.gov/carbon-footprint-calculator

US Environmental Protection Agency. **Overview of Greenhouse Gases**[온실가스 개요]. Greenhouse Gas (GHG) Emissions. epa.gov/ghgemissions

US Global Change Research Program. **2014 National Climate Assessment**[2014년 국가 기후 평가]. nca2014.globalchange.gov/report

Vidal, J. 2009. **'We know what to do: Why don't we do it?'**[우리는 어떻게 해야 할지 알고 있다. 실천해보면 어떨까?]. The Guardian. theguardian.com/environment/2009/may/30/africa-women-climate-change-wangari-maathai

World Meteorological Organization. 2020. **Carbon Dioxide Levels Continue at Record**

Levels, Despite COVID-19 Lockdown[COVID-19 락다운에도 불구하고 이산화탄소는 기록적인 수준을 지속하고 있다]. public.wmo.int/en/media/press-release/carbon-dioxide-levels-continue-record-levels-despite-covid-19-lockdown

둘

Carbon Brief. n.d. **Mapped: The World's Coal Power Plants[지도: 세계의 석탄 발전소].** carbonbrief.org/mapped-worlds-coal-power-plants

Carbon Brief. 2020. **Analysis: Will China Build Hundreds of New Coal Plants in the 2020s?[분석: 중국은 2020년대에도 수백 개의 석탄 공장을 새로 건설할 것인가?].** carbonbrief.org/analysis-will-china-build-hundreds-of-new-coal-plants-in-the-2020s

Carrington, D. 2019. **Only a third of world's great rivers remain free flowing, analysis finds[분석 결과, 세계의 큰 강 중 3분의 1만이 아직 자유로이 흐른다].** The Guardian. theguardian.com/environment/2019/may/08/only-a-third-of-worlds-great-rivers-remain-free-flowing-analysis-finds

Congressional Research Service, Copeland, C. 2017. **Energy-Water Nexus: The Water Sector's Energy Use[에너지-물 결합: 물 부문의 에너지 사용].** fas.org/sgp/crs/misc/R43200.pdf

De Cian, E., et al. 2019. **Households' adaptation in a warming climate: air conditioning and thermal insulation choices[온난화 기후에 적응하는 가정: 에어컨과 단열재 사용].** Environmental Science and Policy 100, 133-157. doi: 10.1016/j.envsci.2019.06.015

Girod, B., et al. 2014. **Climate policy through changing consumption choices: options and obstacles for reducing greenhouse gas emissions[소비 선택의 변화를 통한 기후 정책: 온실가스 배출을 줄이는 방법과 장애물].** Global Environmental Change 25, 5-15. doi: 10.1016/j.gloenvcha.2014.01.004

Griffiths-Sattenspiel, B., Wilson, W. 2019. **The Carbon Footprint of Water[물의 탄소발자국].** River Network Report. csu.edu/cerc/researchreports/documents/CarbonFootprintofWater-RiverNetwork-2009.pdf

IEA Clean Coal Centre. 2019. **Top Coal-Fired Power Generating Countries[석탄 화력 발전 상위 국가들].** iea-coal.org/top-coal-fired-power-generating-countries

International Energy Agency. n.d. **Electricity Information: Overview[전기 정보: 개요].** www.iea.org/reports/electricity-information-overview

International Energy Agency. 2018. **Air Conditioning Use Emerges as One of the Key Drivers of Global Electricity-Demand Growth[전 세계 전기 수요 증가의 핵심 요인으로 부상하는 에어컨 사용].** www.iea.org/news/air-conditioning-use-emerges-as-one-of-the-keydrivers-of-global-electricity-demand-growth

International Energy Agency. 2018. **The Future of Cooling**[냉각의 미래]. www.iea.org/reports/the-future-of-cooling

International Energy Agency. 2019. **World Gross Electricity Production, by Source, 2018[2018년 자원별 세계 총 전력 생산량]**. www.iea.org/data-and-statistics/charts/world-gross-electricity-production-by-source-2018

International Energy Agency. 2020. **IEA Energy Atlas[IEA 에너지 지도]**. energyatlas.iea.org/#!/tellmap/1378539487

International Renewable Energy Agency. 2021. **Renewable Energy Highlights** [신재생에너지의 주요 정보]. irena.org/-/media/Files/IRENA/Agency/Publication/2020/Jul/Renewable_energy_highlights_July_2020.pdf

National Electric Power Regulatory Authority. 2021. **State of Industry Report 2020[2020년 산업 현황 보고서]**. bit.ly/3fRUzle

Natural Resources Defense Council, Evans, L. 2019. **How to Shop for Energy-Efficient Light Bulbs[에너지가 효율적인 전구 구매법]**. nrdc.org/stories/how-shop-energy-efficient-light-bulbs

Natural Resources Research Council. 2015. **Home Idle Load: Devices Wasting Huge Amounts of Electricity When Not in Active Use[가정의 유휴 전력: 사용하지 않을 때 엄청난 전력을 낭비하는 장치]**. NRDC Issue Paper. nrdc.org/sites/default/files/home-idle-load-IP.pdf

Reuters. 2020. **India's Annual Coal Power Output Falls for First Time in a Decade** [인도의 연간 석탄 발전량이 10년 만에 처음으로 감소하다]. uk.reuters.com/article/uk-india-coal-electricity/indias-annual-coal-power-output-falls-for-first-time-in-a-decade-idUKKBN20B1I2

Reuters. 2020. **Indonesia Plans to Replace Old Coal Power Plants with Renewable Plants: Minister[인도네시아 장관, 낡은 석탄 발전소를 재생 발전소로 대체할 계획]**. reuters.com/article/us-indonesia-power-coal/indonesia-plans-to-replace-old-coal-power-plants-with-renewable-plants-minister-idUSKBN1ZT17N

Union of Concerned Scientists. n.d. **Benefits of Renewable Energy Use[신재생에너지 사용의 이점]**. ucsusa.org/resources/benefits-renewable-energy-use

Union of Concerned Scientists. n.d. **Environmental Impacts of Natural Gas[천연가스의 환경적 영향]**. ucsusa.org/resources/environmental-impacts-natural-gas

US Department of Energy. **Lighting Choices to Save You Money[비용 절감을 위한 조명 선택법]**. energy.gov/energysaver/save-electricity-and-fuel/lighting-choices-save-you-money

US Energy Information Administration. n.d. **Electricity Explained: How Electricity Is Generated[전기 설명: 전기의 생성과정].** eia.gov/energyexplained/electricity/how-electricity-is-generated.php

US Energy Information Administration. n.d. **Electricity Explained: Use of Electricity[전기 설명: 전기의 사용].** eia.gov/energyexplained/electricity/use-of-electricity.php

US Energy Information Administration. n.d. **What Is U.S. Electricity Generation by Energy Source?[미국의 에너지 자원별 전기발전량은 얼마인가?].** eia.gov/tools/faqs/faq.php?id=427&t=3

US Energy Information Administration. 2018. **Air Conditioning Accounts for About 12% of U.S. Home Energy Expenditures[에어컨 사용이 미국 가정 에너지 지출의 약 12%를 차지한다].** eia.gov/todayinenergy/detail.php?id=36692#

US Energy Information Administration. 2021. **How Is Electricity Used in U.S. Homes?[미국 가정에서는 전기가 어떻게 사용되고 있을까?].** eia.gov/tools/faqs/faq.php?id=96&t=3

US Environmental Protection Agency. n.d. **James H. Miller Jr.: 2018[2018년 제임스 H. 밀러 주니어].** ghgdata.epa.gov/ghgp/service/facilityDetail/2018?id=1007227&ds=E&et=&popup=true

US Environmental Protection Agency. 2020. **Greenhouse Gas Equivalencies Calculator [온실가스 등가 계산기].** epa.gov/energy/greenhouse-gas-equivalencies-calculator

The World Bank. n.d. **Electric Power Consumption(kWh per capita)[전력 소비량: (1인당 kWh)].** data.worldbank.org/indicator/EG.USE.ELEC.KH.PC?most_recent_value_desc=true

셋 ·············

Animal Welfare Institute. n.d. **Farm Animals[농장 동물들].** awionline.org/content/farm-animals

Carbon Brief, Dunne, D. 2020. **Nitrogen Fertiliser Use Could 'Threaten Global Climate Goals'[질소 비료 사용은 '세계 기후 목표를 위협할 수 있다'].** carbonbrief.org/nitrogen-fertiliser-use-could-threaten-global-climate-goals

Carrington, D., Carrington, D. 2018. **Humans just 0.01% of all life but have destroyed 83% of wild mammals: study[인간은 전 생명체의 0.01%에 불과하지만 야생 포유류의 83% 를 파괴했다].** The Guardian. theguardian.com/environment/2018/may/21/human-race-just-001-of-all-life-but-has-destroyed-over-80-of-wild-mammals-study

Cohen, P. 2020. **Roundup maker to pay $10 billion to settle cancer suits[암 소송 해결을 위해 100억 달러를 지불한 회사].** New York Times. nytimes.com/2020/06/24/business/

roundup-settlement-lawsuits.html

Drawdown. n.d. **Regenerative Annual Cropping**[연간 재생 작물]. drawdown.org/solutions/regenerative-annual-cropping

The EAT-Lancet Commission. 2019. **Healthy Diets from Sustainable Food Systems: Food Planet Health**[지속 가능한 식량 시스템에서 나오는 건강한 식단: 식품 지구 건강]. eatforum.org/content/uploads/2019/07/EAT-Lancet_Commission_Summary_Report.pdf

Ellen MacArthur Foundation. 2019. **Cities and Circular Economy for Food**[도시와 식량을 위한 순환 경제]. emf.thirdlight.com/link/7ztxaa89xl5c-d30so/@/preview/1?o

Environmental Defense Fund. n.d. **Consumer Food Waste: Solutions**[소비자 음식쓰레기: 해결책]. supplychain.edf.org/resources/consumer-food-waste-solutions

FAO. n.d. **Gateway to Poultry Production and Products: Chicken**[가금류 생산 및 제품의 관문: 닭고기]. fao.org/poultry-production-products/production/poultry-species/chickens/en

FAO. n.d. GLEAM 2.0: **Assessment of Greenhouse Gas Emissions and Mitigation Potential**[온실가스 배출량 및 완화 가능성 평가]. Global Livestock Environmental Assessment Model (GLEAM). fao.org/gleam/results/en

FAO. 2018. **Beauty (and Taste!) Are on the Inside**[아름다움(그리고 입맛!)은 내면에 달려 있다]. fao.org/fao-stories/article/en/c/1100391

FAO. 2020. **The State of World Fisheries and Aquaculture: World Review**[세계 어업과 양식업의 현황: 세계 평론]. fao.org/3/ca9229en/online/ca9229en.html#chapter-1_1

Graham, J. n.d. **Tillage Destroys Soil's Physical Properties**[토양의 물리적 성질을 파괴하는 경작]. nrcs.usda.gov/wps/portal/nrcs/detail/ky/soils/?cid=stelprdb1096792

Gustin, G. 2019. **As Beef Comes Under Fire for Climate Impacts, the Industry Fights Back**[기후에 영향을 끼치는 소고기에 대한 비난과 산업의 반격]. insideclimatenews.org/news/21102019/climate-change-meat-beef-dairy-methane-emissions-california

Harvard T.H. Chan School of Public Health. n.d. **The Nutrition Source: Legumes and Pulses**[영양 공급원: 콩류와 두류]. hsph.harvard.edu/nutritionsource/legumes-pulses

Humane Society, Smith, E. 2019. **Do You Really Know How Most Farm Animals Live?**[농장 동물들 대부분의 실제 생활 환경을 제대로 알고 있는가?]. humanesociety.org/news/do-you-really-know-how-most-farm-animals-live

Institute for Local Self-Reliance. n.d. **Home Composting Basics**[가정용 퇴비화 개론]. ilsr.org/home-composting-basics

International Center for Research on Cancer. 2015. **IARC Monograph on Glyphosate**

[글레포세이트에 관한 IARC 모노그래프]. iarc.who.int/featured-news/media-centre-iarc-news-glyphosate

Johnson, E. 2009. **Charcoal versus LPG grilling: a carbon-footprint comparison[숯 대 LPG 그릴: 탄소발자국 비교].** Environmental Impact Assessment Review 29(6), 370-378. doi: 10.1016/j.eiar.2009.02.004

Martens, P., et al. 2019. **The ecological paw print of companion dogs and cats[반려견과 고양이의 환경발자국].** BioScience 69(6), 467-474. doi: 10.1093/biosci/biz044

McGivney, A. 2020. **Almonds are out. dairy is a disaster. so what milk should we drink? [아몬드는 없고, 유제품은 재앙이다. 그러면 우리는 어떤 우유를 마셔야 하는가?].** The Guardian. theguardian.com/environment/2020/jan/28/what-plant-milk-should-i-drink-almond-killing-bees-aoe

Monterrey Bay Aquarium. n.d. **Seafood Watch[씨푸드 와치].** seafoodwatch.org

NASA. n.d. **Which Is a Bigger Methane Source: Cow Belching or Cow Flatulence?[소의 트림과 포만감 중에서 메테인가스가 더 많은 것은 무엇일까?].** climate.nasa.gov/faq/33/which-is-a-bigger-methane-source-cow-belching-or-cow-flatulence

Native Seeds/SEARCH, Kruse-Peeples, M. **How to Grow a Three Sisters Garden, Education Coordinator[세 자매 밭 가꾸는 법, 교육 코디네이터].** nativeseeds.org/blogs/blog-news/how-to-grow-a-three-sisters-garden

Nature Conservancy. 2020. **The Global Food System Is Ripe for Change[세계 식량 시스템은 변화할 준비가 되었다].** nature.org/en-us/what-we-do/our-insights/perspectives/grow-positive-regenerative-global-food-system

NOAA Fisheries. n.d. **Species Directory[종 목록].** fisheries.noaa.gov/species-directory

OECD and FAO. 2020. **OECD-FAO Agricultural Outlook 2020-2029[OECD-FAO 농업 전망 2020-2029].** doi: 10.1787/1112c23b-en

Okin, G. 2017. **Environmental Impacts of Food Consumption by Dogs and Cats[개와 고양이의 음식 소비가 환경에 미치는 영향].** Plos One 12(8): e0181301. doi: 10.1371/journal.pone.0181301

Peter, A., et al. 2016. **Human Appropriation of Land for Food: The Role of Diet[식량 생산을 위한 토지 사용: 식생활의 역할].** Global Environmental Change 41, 88-98. doi: 10.1016/j.gloenvcha.2016.09.005

Poore, J., Nemecek, T. 2018. **Reducing Food's Environmental Impacts through Producers and Consumers[생산자와 소비자를 통해 환경에 미치는 식품의 영향 줄이기].** Science 360(6392), 987-992. doi: 10.1126/science.aaq0216

Regenerative Organic Alliance. 2021. **Framework for Regenerative Organic Certified**[재생유기농 인증 체제]. regenorganic.org/wp-content/uploads/2021/02/ROC_ROC_STD_FR_v5.pdf

Ritchie, H., Max, R. 2020. **Environmental Impacts of Food Production**[식품 생산의 환경적 영향]. ourworldindata.org/environmental-impacts-of-food

Sulaeman, D., Westhoff, T. 2020. **The Causes and Effects of Soil Erosion, and How to Prevent It**[토양 침식의 원인과 영향 및 예방법]. wri.org/blog/2020/01/causes-effects-how-to-prevent-soil-erosion

WWF. 2016. **What's the Environmental Impact of Pet Food?**[애완동물 사료가 환경에 미치는 영향은?]. worldwildlife.org/magazine/issues/spring-2016/articles/what-s-the-environmental-impact-of-pet-food

넷 •••••••••••••••••••••••••••••

American Oil and Gas Historical Society. n.d. **First Car, First Road Trip**[첫 번째 차, 첫 번째 도로 주행]. aoghs.org/transportation/benz-patents-first-car

American Public Transport Association. n.d. **Public Transportation Facts**[대중교통의 진실]. apta.com/news-publications/public-transportation-facts

American School Bus Council. n.d. **School Bus Facts: The Benefits of School Bus Ridership**[스쿨버스의 진실: 스쿨버스 승차의 이점]. schoolbusfacts.com/resources

Bureau of Transport Statistics. n.d. **Number of U.S. Aircraft, Vehicles, Vessels, and Other Conveyances**[미국 항공기, 차량, 선박 및 기타 운송수단의 개수]. www.bts.gov/content/number-us-aircraft-vehicles-vessels-and-other-conveyances

Carbon Brief, Lee, D., Forster, P. n.d. **Calculating the True Climate Impact of Aviation Emissions**[항공 배기가스의 기후 영향 실제값 계산]. carbonbrief.org/guest-post-calculating-the-true-climate-impact-of-aviation-emissions

European Commission. n.d. **How Many People Can You Reach by Public Transport, Bicycle or on Foot in European Cities? Measuring Urban Accessibility for Low-Carbon Modes**[유럽 도시에서 대중교통과 자전거, 도보로 각각 몇 명을 만날 수 있을까? 저탄소 모드에 대한 도시 접근성 측정]. ec.europa.eu/regional_policy/en/information/maps/low-carbon-urban-accessibility

Ford. n.d. **The Model T**[모델 T]. corporate.ford.com/articles/history/the-model-t.html

Frontier Group. 2020. **Destination: Zero Carbon**[목적지: 탄소 중립]. frontiergroup.org/sites/default/files/reports/AME%20Zero%20Carbon%20Report%20Jan20-web.pdf

Frontier Group. 2021. **Transform Transportation[변형 운송]**. frontiergroup.org/reports/fg/transform-transportation

International Civil Aviation Organization. n.d. **The World of Air Transport in 2019[2019년 항공 수송의 세계]**. icao.int/annual-report-2019/Pages/the-world-of-air-transport-in-2019.aspx

International Council on Clean Transportation. n.d. **CO2 Emissions from Commercial Aviation, 2018[상업 항공에서 배출되는 이산화탄소, 2018년]**. theicct.org/publications/co2-emissions-commercial-aviation-2018

International Council on Clean Transportation, Rutherford, D. 2019. **Need to Fly? Fly Like a NERD![날아야 하는가? 그렇다면 NERD처럼 날자!]**. theicct.org/need-to-fly-fly-like-a-nerd/

International Energy Agency. n.d. **World Energy Outlook 2019[2019년 세계 에너지 전망]**. www.iea.org/reports/world-energy-outlook-2019

International Energy Agency. 2019. **Growing Preference for SUVs Challenges Emissions Reductions in Passenger Car Market[SUV 선호도 증가에 따른 승용차 시장의 배기가스 배출량 감소의 위기]**. www.iea.org/commentaries/growing-preference-for-suvs-challenges-emissions-reductions-in-passenger-car-market

National Association of City Transportation Officials. n.d. **Shared Micromobility in the U.S.: 2019[미국의 공유 모빌리티: 2019년]**. nacto.org/shared-micromobility-2019

Our World in Data, Ritchie, H. 2020. **Sector by sector: where do global greenhouse gas emissions come from?[분야별: 전 세계 온실가스 배출은 어디서 오는가?]**. ourworldindata.org/ghg-emissions-by-sector

Project Drawdown. n.d. **Electric Bicycles[전기 자전거]**. drawdown.org/solutions/electric-bicycles

Tabuchi, H. 2019. **'Worse than anyone expected': air travel emissions vastly outpace predictions['예상보다 최악': 항공 여행 배출량의 과도한 예측치 초과]**. New York Times. nytimes.com/2019/09/19/climate/air-travel-emissions.html

Transport and Environment. 2020. **Does an Electric Vehicle Emit Less Than a Petrol or Diesel?[전기 자동차의 배기 가스양이 휘발유나 경유보다 적을까?]**. transportenvironment.org/news/does-electric-vehicle-emit-less-petrol-or-diesel

The Transport Politic, Freemark, Y. 2020. **Too Little, Too Late? A Decade of Transit Investment in the U.S.[너무 적고, 너무 늦었을까? 미국의 10년간 교통 투자]**. thetransportpolitic.com/2020/01/07/too-little-too-late-a-decade-of-transit-investment-in-the-u-s

Union of Concerned Scientists. n.d. **Ride-Hailing Is a Problem for the Climate. Here's Why**[라이드 헤일링은 기후를 위한 문제다. 그 이유가 여기 있다]. ucsusa.org/resources/ride-hailing-problem-climate

US Department of Energy. n.d. **Idling Reduction for Personal Vehicles**[개인 차량의 공회전 감소]. afdc.energy.gov/files/u/publication/idling_personal_vehicles.pdf

US Department of Energy. n.d. **Where the Energy Goes: Electric Cars**[에너지가 가는 곳: 전기 자동차]. fueleconomy.gov/feg/atv-ev.shtml

US Department of Energy. n.d. **Where the Energy Goes: Gasoline Vehicles**[에너지가 가는 곳: 가솔린 차량]. fueleconomy.gov/feg/atv.shtml

Voelk, T. 2020. **Rise of S.U.V.s: leaving cars in their dust, with no signs of slowing**[S.U.V의 부상: 속도를 늦출 생각은 없고, 차는 먼지 속에 내버려두다]. New York Times. nytimes.com/2020/05/21/business/suv-sales-best-sellers.html

World Economic Forum. 2020. **The Future of the Last-Mile Ecosystem**[마지막 남은 생태계의 미래]. www3.weforum.org/docs/WEF_Future_of_the_last_mile_ecosystem.pdf

World Health Organization. 2018. **Ambient (Outdoor) Air Pollution**[주변 환경(실외)의 대기오염]. who.int/news-room/fact-sheets/detail/ambient-(outdoor)-air-quality-and-health

Yglesias, M. 2019. **Air pollution is much more harmful than you know**[대기오염은 당신이 아는 것보다 더 해롭다]. Vox. vox.com/future-perfect/2019/12/11/20996968/air-pollution-cognitive-impact

다섯 ●

American Chemistry Council. 2021. **Shale Gas Is Driving New Chemical Industry Investment in the U.S.**[미국 내 새로운 화학산업 투자를 움직이는 셰일가스]. americanchemistry.com/better-policy-regulation/energy/resources/shale-gas-is-driving-new-chemical-industry-investment-in-the-us

Carbon Brief, Hausfather, Z. 2018. **Analysis: Why the IPCC 1.5C Report Expanded the Carbon Budget**[분석: IPCC 1.5C 보고서가 탄소예산을 확대한 이유]. carbonbrief.org/analysis-why-the-ipcc-1-5c-report-expanded-the-carbon-budget

Center for International Environmental Law. 2017. **Fueling Plastics: How Fracked Gas, Cheap Oil, and Unburnable Coal Are Driving the Plastics**[플라스틱 연료 공급: 가스 프랙킹과 값싼 석유, 태울 수 없는 석탄이 어떻게 플라스틱을 움직이는가]. ciel.org/wp-content/uploads/2017/09/Fueling-Plastics-How-Fracked-Gas-Cheap-Oil-and-Unburnable-Coal-are-Driving-the-Plastics-Boom.pdf

Center for International Environmental Law, Hamilton, L. A., Feit, S., et al. 2019. **Plastic and Climate: The Hidden Costs of a Plastic Planet**[플라스틱과 기후: 플라스틱 행성의 숨은 비용]. ciel.org/wp-content/uploads/2019/05/Plastic-and-Climate-FINAL-2019.pdf

Cheah, L., et al. 2013. **Manufacturing-focused emissions reductions in footwear production**[신발 생산업계에서 제조 중심의 탄소 배출량 감소]. Journal of Cleaner Production. 44,18-29. doi: org/10.1016/j.jclepro.2012.11.037

Consumer Reports. 2016. **Toilet Paper Buying Guide**[화장지 구매 가이드]. consumerreports. org/cro/toilet-paper/buying-guide/index.htm

Cox, K. D., et al. 2019. **Human consumption of microplastics**[미세 플라스틱 소비량]. Environmental Science and Technology 53(12), 7068-7074. doi: 10.1021/acs.est.9b01517

Diaz, J. 2019. **Dead whale, 220 pounds of debris inside, is a 'grim reminder' of ocean trash**[뱃속에 쓰레기 100kg을 품고 있던 죽은 고래는 바다 쓰레기의 심각성을 '상기시킨다']. New York Times. nytimes.com/2019/12/02/world/europe/harris-beached-whale.html

Environmental Paper Network. **The State of the Global Paper Industry, 2018**[2018 년 세계 제지 산업 현황]. environmentalpaper.org/wp-content/uploads/2018/04/ StateOfTheGlobalPaperIndustry2018_FullReport-Final-1.pdf

European Container Glass Federation. 2020. **Latest Glass Packaging Recycling Rate Steady at 76%**[최근 유리 포장제품의 재활용률은 76%로 안정적임]. feve.org/glass_recycling_ stats_2018/

Eurostat. 2021. **Municipal Waste Statistics**[도시 폐기물 통계]. ec.europa.eu/eurostat/ statistics-explained/index.php/Municipal_waste_statistics#Municipal_waste_treatment

Food Packaging Forum. 2021. **Recycling of Aluminum Cans in EU Reaches 76%**[EU의 알루미늄 캔 재활용률 76%]. foodpackagingforum.org/news/recycling-of-aluminum-cans-in- eu-reaches-76

Geyer, R., et al. 2017. **Production, use, and fate of all plastics ever made**[지금까지 만들어진 모든 플라스틱의 생산과 사용, 운명]. Science Advances 3(7), e1700782. doi: 10.1126/ sciadv.1700782

Green America. 2020. **Skip the Slip Report: Environmental Costs & Human Health Risks of Paper Receipts.**[종이 영수증 사용이 위협하는 환경 비용과 인체 건강 문제를 제안된 해결책으로 건너뛰자]. greenamerica.org/sites/default/files/2020-10/Skip%20The%20Slip%20Report%20 2020%20%28GA%29.pdf

Greenpeace. 2017. **Guide to Greener Electronics 2017**[2017년 친환경 전자 제품 안내서]. Greenpeace Reports. greenpeace.org/usa/reports/greener-electronics-2017

Lavers, J. L., et al. 2019. **Significant plastic accumulation on the Cocos (Keeling) Islands, Australia[호주 코코스(킬링)섬에 축적된 수많은 플라스틱]**. Scientific Reports 9, 7102. doi: 10.1038/s41598-019-43375-4

Martinko, K. 2021. **The Right Way to Dispose of Paper Receipts[올바른 종이 영수증 처리법]**. Treehugger. treehugger.com/can-receipts-be-recycled-5072255

Metal Packaging Europe. n.d. **Aluminium Beverage Can Recycling in Europe Hits Record 76.1% in 2018[2018년 유럽 내 알루미늄 캔 재활용률 76.1% 기록]**. metalpackagingeurope.org/article/aluminium-beverage-can-recycling-europe-hits-record-761-2018

Peixoto, D. 2019. **Microplastic pollution in commercial salt for human consumption: a review[상업용 소금의 미세 플라스틱 오염에 관한 연구]**. Estuarine, Coastal and Shelf Science 219(5), 161-168. doi: 10.1016/j.ecss.2019.02.018

Perkins, T. 2021. **Toxic 'forever chemicals' are contaminating plastic food containers [유독성 '영원한 화학물질'이 플라스틱 식품 용기를 오염시키다]**. The Guardian. theguardian.com/environment/2021/jul/09/toxic-forever-chemicals-plastic-food-containers

PEW Charitable Trusts, Systemiq. 2020. **Breaking the Plastic Wave[플라스틱 물결 없애기]**. pewtrusts.org/-/media/assets/2020/10/breakingtheplasticwave_mainreport.pdf

Plastics Make It Possible. 2018. **Types of Plastic: How Many Kinds of Plastics Are There? [플라스틱 종류: 얼마나 많은 종류의 플라스틱이 있는가?]**. plasticsmakeitpossible.com/about-plastics/types-of-plastics/professor-plastics-how-many-types-of-plastics-are-there

Quantis. 2018. **Measuring Fashion: Environmental Impact of the Global Apparel and Footwear Industries Study[패션 측정: 세계 의류 및 신발 산업의 환경 영향 연구]**. quantis-intl.com/wp-content/uploads/2018/03/measuringfashion_globalimpactstudy_full-report_quantis_cwf_2018a.pdf

Schuyler, Q. A., et al. 2016. **Risk analysis reveals global hotspots for marine debris ingestion by sea turtles[위험 분석을 통해 바다거북이 해양 쓰레기를 섭취하는 세계적인 장소 발견]**. Global Change Biology 22(2), 567-576. doi: 10.1111/gcb.13078

Science History. n.d. **Science of Plastics[플라스틱의 과학]**. sciencehistory.org/sites/default/files/science-of-plastics-2.pdf

Science History Institute. n.d. **History and Future of Plastics[플라스틱의 역사와 미래]**. sciencehistory.org/the-history-and-future-of-plastics

Scottish Government. 2019. **Mapping Economic, Behavioural and Social Factors within the Plastic Value Chain that Lead to Marine Litter in Scotland[스코틀랜드의 해양 쓰레기로 이어지는 플라스틱 가치사슬 안의 경제적, 행동적, 사회적 요인 지도화]**. bit.ly/3cX86WJ

SCS Global Services, Schultz, T., Suresh, A. 2018. **Life Cycle Impact Assessment Methodology for Environmental Paper Network Paper Calculator v4.0[페이퍼 캘큐레이터 v4.0의 수명 주기 영향 평가 방법론].** c.environmentalpaper.org/pdf/SCS-EPN-PC-Methods.pdf

Skene, J. and Vinyard S. NRDC. 2020. **The Issue with Tissue 2.0[티슈 2.0의 쟁점].** nrdc.org/sites/default/files/issue-with-tissue-2-report.pdf

Tearfund, Mari, W. 2019. **No Time to Waste: Tackling the Plastic Pollution Crisis Before It's Too Late[낭비할 시간이 없다: 너무 늦기 전에 해결해야 할 플라스틱 오염 위기].** www.tearfund.org/-/media/learn/resources/reports/2019-tearfund-consortium-no-time-to-waste-en.pdf

Today. 2020. **Here's how much toilet paper a family of 4 needs for 2 weeks[4인 가족에게 2주 동안 화장지가 얼마나 필요할까?].** MSNBC/TODAY. today.com/health/here-s-how-much-toilet-paper-family-4-needs-2-t176154

United Nations Environment Programme. 2019. **Is Your Phone Really Smart?[당신의 스마트폰은 정말 똑똑한가?].** unep.org/news-and-stories/story/your-phone-really-smart

US Energy Information Administration. 2021. **Natural Gas Explained[천연가스에 관한 설명].** eia.gov/energyexplained/natural-gas/where-our-natural-gas-comes-from.php

US Environmental Protection Agency. 2020. **Advancing Sustainable Materials Management: 2018 Fact Sheet[2018년 지속 가능한 자재관리 선진화].** epa.gov/sites/production/files/2021-01/documents/2018_ff_fact_sheet_dec_2020_fnl_508.pdf

US Environmental Protection Agency. 2020. **Aluminum: Material-Specific Data[알루미늄: 재료별 데이터].** epa.gov/facts-and-figures-about-materials-waste-and-recycling/aluminum-material-specific-data

US Environmental Protection Agency. 2020. **Glass: Material-Specific Data[유리: 재료별 데이터].** epa.gov/facts-and-figures-about-materials-waste-and-recycling/glass-material-specific-data

US Environmental Protection Agency. 2021. **Facts and Figures about Materials, Waste and Recycling[재료, 폐기물 및 재활용에 대한 사실과 수치].** epa.gov/facts-and-figures-about-materials-waste-and-recycling/national-overview-facts-and-figures-materials#Generation

Wilcox, C. 2015. **Threat of plastic pollution to seabirds is global, pervasive, and increasing[바닷새를 위협하는 플라스틱 오염이 전 세계에 만연하며, 더 심해지고 있다].** PNAS 112(38), 11899-11904. doi: 10.1073/pnas.1502108112

World Bank Group. 2018. **What a Waste 2.0: A Global Snapshot of Solid Waste Management to 2050[왓어웨이스트 2.0: 고형 폐기물 관리에 대한 2050년까지의 글로벌 스냅숏].** openknowledge.worldbank.org/handle/10986/30317

감사의 글

책을 쓰는 일은 고독한 작업이기도 하지만 여럿이 함께 노력하는 일이기도 하다. 내 경우엔 정말 운 좋게도 여성 팀원들과 같이 일할 수 있었다. 2019년 여름, 브루클린 비어가든에서 우연히 내 에이전트인 마리아 웰랜에게 『지금 우리가 할 수 있는 일』에 관한 아이디어를 던지듯 말했을 때, 그녀가 나를 믿어보기로 하지 않았다면 이 책은 여러분의 손에 들려 있지 못했을 것이다. 더불어 대단한 인내심과 예리한 편집 노트로 퍼즐 조립하듯 복잡했던 출판 과정을 친절하게 안내해준 편집자 사라 말라키와 텐스피드프레스 출판팀에게 깊은 감사를 표한다. 또한 인터뷰에 응해준 모든 활동가와 전문가, 기업가와 환경 단체 네이처 컨저번시의 로버트 존스, 리즈 대학의 다이애나 이바노바 박사를 포함하여 원고를 위해 귀중한 통찰력을 제공해준 모든 분께 크나큰 감사 인사를 드린다. 세계적인 팬데믹 기간에, 이 길고 구불거리는 길을 따라 나를 응원해준 우리 가족과 친구들, 특히 인쇄된 책으로 보게 되면 기뻐할 내 여동생 마루, 그리고 전망공원을 수없이 함께 산책하며 나의 '책 스트레스'를 풀도록 도움을 준 발레리 함라에게 감사를 표한다. 마지막으로, 더할 나위 없는 최고의 동맹을 경험케 해준 사라에게 특별한 감사의 마음을 전한다.

‒ 에두아르도 가르시아

가장 먼저 우리 가족과 친구들, 특히 첫 번째 코로나 봉쇄 기간에
『지금 우리가 할 수 있는 일』 작업을 하는 동안 정신적으로 지원해주고
격려해준 사랑하는 내 친구 루루 왓슨, 줄리 버누이, 크리스틴 가르시아,
캐롤라인 세머에게 감사한다. 그리고 이렇게 의미 있고, 꼼꼼히 조사해
작업한 작품에 함께하자고 제안해준, 이제 친구가 된 에두아르도 가르시아와
그 놀라운 여정 동안 우리를 잘 이끌어준 텐스피드프레스 출판팀에게도
감사드린다. 더불어, 내게 힘을 준 친구 리즈 카셀라에게 특별한 감사
인사를 전한다. 그녀는 모든 것이 멈췄을 때 자신의 로스앤젤레스 디자인
스튜디오에서 그림을 그릴 수 있도록 해주었고, 많은 시간을 함께 있어
주었다. 마지막으로, 학교가 문을 닫았을 때 우리 아이가 뛰어놀게 해주고
나의 작업실까지 되어준 로스앤젤레스의 야외 공간들과 놀이터에 감사 인사를
전하고 싶다.

- 사라 보카치니 메도스

글작가와 그림작가 소개

에두아르도 가르시아(Eduardo Garcia)

15년 이상 저널리스트로 활동하며 12개국이 넘는 국가에서 뉴스 기사와 특집 기사를 썼다. 스페인에서 태어났으며, 과테말라, 볼리비아, 아르헨티나, 콜롬비아, 에콰도르에서 로이터 통신원으로 일을 시작했다. 이후에도 《뉴욕 타임스》에 어떻게 하면 사람들이 탄소발자국을 줄일 수 있는지에 대해 수많은 칼럼을 기고했다. 지금도 지속 가능한 생활방식을 널리 알리기 위해 노력하고 있으며, 글이 사람에게 주는 힘을 믿고 있다.

사라 보카치니 메도스(Sara Boccaccini Meadows)

뉴욕 브루클린에서 디자이너, 일러스트레이터, 그리고 예술가로서 시간을 쪼개가며 생활하고 있다. 수채화를 비롯해 아라비아고무가 섞인 수채물감인 과슈를 사용하여 독특한 그림을 그린다. 오랫동안 기후 행동과 여성의 권리를 지지해왔으며, 자신의 예술을 통해 그 변화를 만들고자 헌신하고 있다.

찾아보기

지금 우리가 할 수 있는 일

기후 위기로 병든 지구를 살리는 작은 실천

에두아르도 가르시아 글 | 사라 보카치니 메도스 그림 | 송근아 옮김

1판 3쇄 펴낸날 2024년 5월 2일

펴낸이 정종호 | 펴낸곳 (주)청어람미디어
책임편집 여혜영 | 마케팅 강유은
디자인 이원우 | 제작 · 관리 정수진
등록 1998년 12월 8일 제22-1469호
주소 04045 서울특별시 마포구 양화로56(서교동, 동양한강트레벨) 1122호
전화 02-3143-4006~8 | 팩스 02-3143-4003
ISBN 979-11-5871-213-6 03330

잘못된 책은 구입하신 서점에서 바꾸어 드립니다.
값은 뒤표지에 있습니다.